POLI

CW01667993

Stefania Adriana Bevilacqua

la CORTE di GIUSTIZIA dell'UNIONE EUROPEA

* * *

Un motore per l'integrazione dei popoli

goWare

L'ebook è molto di +
Seguici su facebook, twitter, ebook extra

© 2019 goWare, Firenze, prima edizione italiana

ISBN 978-88-3363-203-2

Redazione: Marta Cannata
Copertina: John Akwood

goWare è una startup fiorentina specializzata in nuova editoria

Fateci avere i vostri commenti a: info@goware-apps.it

Blogger e giornalisti possono richiedere una copia saggio
a Maria Ranieri: mari@goware-apps.com

Introduzione

Perché parlare della Corte di giustizia dell'Unione europea?

Questa domanda non è certo una domanda retorica: infatti quando si parla delle istituzioni europee raramente viene alla mente il potere giurisdizionale. Ci si sofferma più che altro sul ruolo, sulle funzioni e sui poteri del Parlamento europeo, della Commissione europea, del Consiglio e, con un po' più di attenzione, della Banca centrale europea.

In realtà la Corte di giustizia, della CECA (Comunità europea del carbone e dell'acciaio) prima, della Comunità europea poi e dell'Unione europea oggi, ha rappresentato e rappresenta uno dei più originali e felici risultati raggiunti dai "Signori dei trattati" tanto da poter dire che poche altre istituzioni dell'Unione si sono imposte con eguale forza all'attenzione generale e hanno avuto un'altrettanta fortunata vitalità.

La Corte di giustizia merita l'appellativo di "motore dell'integrazione europea" per l'importanza della sua azione nella costruzione del sistema giuridico e sociale europeo. La Corte, infatti, ha saputo leggere le intenzioni dei Padri fondatori che volevano la creazione di uno spazio europeo che non fosse solo economico, ma anche sociale e valoriale. E lo ha fatto spingendo in avanti il processo di integrazione, anche nei momenti di stallo politico attraverso l'armonizzazione giuridica degli ordinamenti nazionali che, con il tempo, si è rivelata lo strumento principale per realizzare anche l'armonizzazione dei popoli.

Per raggiungere questo obiettivo, essa ha creato un fenomeno giurisdizionale originale che non è inquadrabile in nessuno degli schemi preesistenti poiché si caratterizza in termini assolutamente unici rispetto ai tribunali internazionali e rispetto alle corti costituzionali.

Infatti, non si tratta né di una Corte costituzionale, né di una Corte internazionale, ma ha la capacità di incidere in maniera significativa sugli ordinamenti nazionali, modificandoli. Questo è possibile grazie al sistema di dialogo tra la Corte europea e i giudici nazionali che ha formato, attraverso una sinergia davvero unica, un modello di creazione del diritto che è arrivato a occuparsi addirittura dei diritti fondamentali dell'uomo.

Chiaramente questo percorso è partito a piccoli passi e ha avuto un lungo periodo di svolgimento proprio per rimanere in linea con la volontà sociale, politica e legislativa degli Stati che via via vi hanno aderito.

In questa ottica, non deve incuriosire che, già nel Trattato di Parigi del 18 aprile 1951 istituente la Comunità europea del carbone e dell'acciaio, i sei Stati fondatori – Belgio, Germania, Francia, Italia, Lussemburgo e Paesi Bassi – decisero di creare un organo giurisdizionale incaricato di assicurare il rispetto del diritto comunitario, di farlo applicare uniformemente in tutti gli Stati membri e di risolvere le differenze provocate dalla sua applicazione. Infatti, la previsione di un organo giurisdizionale *ad hoc*, sebbene operante in settori allora molto limitati, era un chiaro indizio della volontà di dar vita, già all'epoca, a delle forme di integrazione più sofisticate della semplice messa in comune dei due beni, il carbone e l'acciaio, che avevano mosso gli istinti di guerra sul suolo europeo.

In questo scritto ci si propone di dare una panoramica di quello che negli anni è cambiato in tema di diritti per portare avanti l'integrazione europea e si cercherà di far comprendere come questa evoluzione sia avvenuta attraverso la sapiente opera dei giudici e i metodi interpretativi da essi applicati.

1. Le premesse storiche della Corte di giustizia dell'Unione europea

1.1 Il contesto storico

La fine della seconda guerra mondiale segna per l'Europa non solo la fine di quel conflitto, ma anche l'uscita da un periodo politicamente ed economicamente drammatico: esso era iniziato con la precedente guerra mondiale e aveva poi visto succedersi non poche crisi e tensioni di varia natura, sfociate appunto nell'ultimo conflitto verificatosi, ad oggi, sui nostri territori.

In quel contesto si inserì il progetto di costruzione dell'unità europea che va visto sia come il frutto di grandi personalità anticipatrici e di generosi movimenti ideali, sia come il risultato di circostanze oggettive che erano mancate tra le due guerre mondiali e che invece si presentarono dopo il 1945.

Quanto alle circostanze contingenti, l'idea di un'Europa unita, pacificata e democratica si diffuse molto più su larga scala rispetto agli anni precedenti. Ciò derivò da una reazione alla distruzione e alla sofferenza portate dalla guerra e da una forte critica al nazionalismo sviluppata dai movimenti della Resistenza antifascista e antinazista di tutta Europa. A dire il vero, questo europeismo della Resistenza non era affatto scontato, poiché essa corrispondeva anche all'idea di una lotta per la liberazione nazionale e all'idea di una battaglia per il restauro della democrazia nazionale.

Invece, dopo le devastazioni dei due conflitti, si fece strada in Europa la convinzione della necessità di una nuova dimensione politica tra gli Stati, ispirata a una diffusa cooperazione tra di essi da realizzare attraverso la creazione di una serie di enti internazionali operanti in campi diversi e con geometrie differenti.

Ad esempio, il decennio successivo alla fine della seconda guerra mondiale vide un fiorire di queste iniziative, alcune delle quali andarono ben oltre i confini del continente: basti pensare all'Organizzazione del trattato dell'Atlantico del Nord (NATO) del 1949; all'Organizzazione europea di cooperazione economica (OECE), creata nel 1948 da sedici Paesi europei per gestire il Piano Marshall di ricostruzione dell'Europa postbellica e poi trasformatasi nel 1960 nell'Organizzazione per la cooperazione e lo sviluppo economico (OCSE); l'Unione europea occidentale (UEO) del 1948, costituita da sette Paesi europei come organizzazione di sicurezza militare e di cooperazione politica; e, infine, il Consiglio d'Europa del 1949, fondato da dieci Paesi europei a tutela dei diritti dell'uomo e dei valori democratici, che oggi conta quarantasette Stati membri.

Questo elemento innovativo fu in qualche modo anticipato dal "Manifesto di Ventotene per un'Europa libera e unita": Altiero Spinelli, Eugenio Colorni e Ernesto Rossi, costretti al confino nell'isola Pontina, nel 1941 redassero un testo in cui la collaborazione tra i Paesi europei viene declinata intorno all'obiettivo della costituzione degli Stati Uniti d'Europa. Altiero Spinelli capì che soltanto se si fosse messo un limite alle sovranità nazionali, soltanto se si fosse cercato di costruire qualcosa di diverso da una semplice alleanza tra Stati sovrani, soltanto se si fosse trovato il modo si mettere insieme delle sovranità, delle funzioni, dei poteri, per esercitarli a livello sovranazionale, si sarebbero potute superare le contraddizioni ed evitare le sciagure del passato.

Un'altra circostanza oggettiva che favorì il progetto di costruzione europea fu di natura geopolitica.

Nei Paesi vinti, come Germania e Italia, ogni alternativa nazionalista, anche democratica, all'integrazione europea divenne improponibile, tanto che il dibattito sull'Europa talora assunse tinte apocalittiche, sia per il ricordo recente della guerra, sia per radicale screditamento del nazionalismo, specie nei grandi partiti di massa antifascisti.

Per i Paesi vincitori, come Francia, Belgio e Olanda, l'unità europea si prospettava anche come una soluzione innovativa alle preoccupazioni legate alla questione tedesca, orientata al fine di evitare gli stessi errori del Trattato di Versailles.

Centrale fu, poi, il ruolo degli Stati Uniti, poiché essi contribuirono a creare un quadro politicamente e ideologicamente favorevole all'idea d'Europa: infatti, se movimenti europeisti di ristrette élites idealistiche poterono finalmente influenzare efficacemente le decisioni politiche dei grandi partiti e dei governi dei sei Paesi fondatori fu anche perché la potenza vincitrice della seconda guerra mondiale si impegnò nel dopoguerra per l'integrazione dell'Europa occidentale e appoggiò la volontà degli europei di operare una svolta rispetto a una storia antica e recente di guerre e massacri. Chiaramente, gli Stati Uniti d'America di Harry Truman e di Dwight Eisenhower non furono solo mossi da un idealismo volto alla realizzazione di una pace internazionale stabile: essi furono spinti anche da interessi economici, ossia dalla volontà di formare un grande mercato transatlantico tra l'America e l'Europa ricostruita, e dall'esistenza di interessi politici peculiari, come il rafforzamento di un alleato prezioso nel quadro della Guerra Fredda che li oppose dal 1947 all'URSS.

Come detto, oltre a queste circostanze oggettive favorevoli, fu di rilievo l'opera di personalità uniche e visionarie.

L'ideale di un'Europa unita nel segno della pace, della democrazia e della cooperazione economica fu fatto proprio, nell'immediato dopoguerra, da autorevoli uomini politici di diversi Paesi e di diversa estrazione ideologica: conservatori come Churchill, cattolici come De Gasperi, Adenauer e Robert Schuman, socialisti come Léon Blum e il belga Paul-Henri Spraak.

In particolare, l'idea del Manifesto di Ventotene di Spinelli, Colorni e Rossi fu declinata in termini funzionalisti e graduali dall'allora ministro degli esteri francese Schuman nella sua dichiarazione del 9 maggio 1950. Affermando che l'Europa "non potrà farsi in una sola volta, né sarà costruita tutta insieme", egli indicò nella creazione di un'organizzazione aperta ad altri Paesi europei, che mettesse "insieme la produzione franco-tedesca di carbone e di acciaio sotto una comune Alta Autorità", il primo passo da compiere in vista di quell'obiettivo. Determinati a impedire il ripetersi di un terribile conflitto come quello appena conclusosi, i governi europei giunsero alla conclusione che la fusione della produzione di carbone e acciaio avrebbe fatto sì che una guerra tra Francia e Germania, storicamente rivali, diventasse "non solo impensabile, ma materialmente impossibile". Così quel primo passo venne realizzato con la firma del Trattato istitutivo della Comunità europea del carbone e dell'acciaio a Parigi il 18 aprile 1951 da parte di Belgio, Francia, Germania, Italia, Lussemburgo e Paesi Bassi. La sua creazione fu resa possibile da una spinta in avanti di questi Paesi, rispetto alle preferenze di altri Stati dell'Europa occidentale che facevano parte dell'OECE, che aprì così il passaggio dalla semplice cooperazione meramente liberoscambista all'idea di una integrazione più profonda tra quei Paesi: da una logica puramente intergovernativa emerse una logica sovranazionale e comunitaria.

Questa svolta fu compiuta soprattutto grazie a quello che viene chiamato il "metodo di Jean Monnet", che riesce a legare strettamente integrazione economica e pace tra i Paesi vicini ex nemici e a fare della soluzione comune della storica questione tedesca la leva di un'unità europea di tipo nuovo.

Infatti, Jean Monnet, politico francese nutrito di cultura industrialistica e tecnocratica che fu il primo Presidente dell'Alta Autorità della CECA, era convinto che la cooperazione in un campo specifico potesse stimolare un processo di unificazione europea esteso ad altri ambiti. Secondo questa idea le solidarietà di fatto create in settori limitati dell'economia avrebbero potuto avere un effetto a macchia d'olio coinvolgendo ulteriori settori. Il metodo fu abbracciato dai Paesi fondatori, tanto da diventare quello utilizzato prevalentemente nella storia del processo di integrazione europea.

1.2 La nascita della Corte di giustizia della Comunità europea del carbone e dell'acciaio

Il concetto di federal-funzionalismo sintetizzò questa originale combinazione di pragmatismo funzionalista con un sistema giuridico e istituzionale condizionato sia dal pensiero federalista sia dall'importanza attribuita tradizionalmente dalla cultura francese alla legge e, in particolare, al diritto come strumento della trasformazione della società.

In quest'ottica si inserisce l'istituzione, fin dalle origini, della Corte di giustizia della Comunità europea del carbone e dell'acciaio.

Essa fu concepita da subito come un apparato autonomo in grado di assicurare l'esercizio della funzione giurisdizionale nell'ambito dello specifico ordinamento e quindi le fu conferita la pienezza dei poteri tipici di tale funzione, e tale pienezza fu rivolta immediatamente sia nei confronti delle istituzioni comunitarie e degli Stati membri sia nei confronti dei singoli cittadini.

Questo la rese un ente con una funzione giurisdizionale in senso puro, in cui l'organo giudicante è svincolato dall'influsso di considerazioni extragiuridiche, ad esempio politiche, e ha il compito di assicurare il rispetto del diritto nell'interpretazione e nell'applicazione dei Trattati a garanzia del sistema giuridico in cui opera.

La Corte si caratterizzò fin da subito in termini assolutamente originali rispetto a tutti gli altri tribunali internazionali che l'avevano preceduta e che con essa coesistevano e tutt'oggi coesistono. Per la prima volta, infatti, in un ente internazionale fu assicurato l'esercizio della funzione giurisdizionale da parte di un organo *ad hoc* che affermava, in termini esclusivi e non occasionali, la propria competenza obbligatoria sulle questioni rilevanti per la vita dell'ente medesimo.

Come è evidente, il rispetto degli obblighi previsti dai Trattati e il controllo sul corretto esercizio dei poteri attribuiti alle istituzioni comunitarie non potevano certo essere perseguiti che in minima parte da un tribunale internazionale che operava secondo gli schemi tradizionali, né potevano essere perseguiti da parte dei giudici nazionali. Questi ultimi non avrebbero potuto coprire tutto l'ambito di giurisdizione che si intendeva assegnare alla Corte e sarebbero pur sempre stati condizionati dai particolarismi dei singoli sistemi giuridici, con il conseguente rischio di produrre giudicati diversi se non addirittura contrastanti.

Ecco perché occorreva creare un giudice che operasse in via esclusiva per la Comunità.

La Corte di giustizia della Comunità europea del carbone e dell'acciaio entrò in funzione il 10 dicembre 1952 a seguito della sua prima udienza solenne presieduta da Massimo Pillotti, che fu il suo primo Presidente fino al 1958. Essa era composta da sette giudici e due avvocati generali, con il compito di svolgere un primo esame delle cause e di presentare su queste delle conclusioni motivate. Tale composizione poteva essere ampliata all'unanimità dal Consiglio su richiesta della Corte stessa, senza stipulare un nuovo trattato, in modo da poter far fronte rapidamente sia all'eventuale moltiplicarsi delle controversie, sia alla necessità di adeguamento in caso di aumento degli Stati facenti parte la Comunità (art. 98).

Dopo aver elaborato, nel marzo del 1953, il suo regolamento di procedura e dopo aver nominato il suo cancelliere, la Corte rese le sue due prime sentenze, il 21 dicembre 1954: *France/Haute Autorité* (1/54) e *Italia/Haute Autorité* (2/54).

La giurisdizione della Corte si estendeva in numerose competenze specifiche. Il trattato istitutivo della Comunità aveva, infatti, una duplice natura giuridica. Da una parte, esso si presentava come un accordo internazionale stipulato tra i sei Paesi per la disciplina unitaria di un comune mercato carbo-siderurgico. Dall'altra, esso costituiva un ordinamento giuridico interno di una unione internazionale provvista di personalità giuridica separata da quella dei singoli Stati che la componevano.

Questa dualità influì chiaramente sulla giurisdizione della Corte. Quanto al primo aspetto, la Corte aveva il compito di dirimere le divergenze tra i membri circa l'applicazione, e dunque l'interpretazione, del trattato nell'ipotesi in cui esso nulla avesse previsto in merito a una situazione controversa (art. 89). Ciò implicava l'obbligatorietà della sua giurisdizione, poiché si faceva espresso divieto di sottoporre una controversia tra due Stati membri, relativa al trattato, a qualsiasi altro organo esterno. Questa obbligatorietà fu il primo elemento innovativo della giurisdizione europea: ad esempio, per adire la Corte internazionale dell'Aia era necessaria l'esistenza di un accordo tra le parti oppure l'esistenza di una clausola precedentemente firmata tra di esse che eleggesse questo Tribunale come foro competente per le eventuali controversie.

Quanto al secondo aspetto, ossia quello relativo al trattato inteso come ordinamento giuridico interno della Comunità, si poteva distinguere tra una competenza che poteva dirsi di carattere costituzionale, una di giustizia amministrativa e una di carattere contrattuale.

Per ciò che concerne la competenza costituzionale, la Corte era chiamata a pronunciarsi nei casi in cui erano in discussione aspetti strutturali della Comunità: come ad esempio l'uso del diritto di veto dei governi circa le proposte di nomina dei membri dell'Alta Autorità (art. 10), cioè quella che poi divenne la Commissione europea, o le dimissioni d'ufficio dei suoi membri (art. 12).

Quanto alla competenza in materia di giustizia amministrativa si seguì il modello del Consiglio di Stato francese: la Corte era chiamata a pronunciarsi sui ricorsi promossi dagli Stati membri o dal Consiglio dei Ministri per l'annullamento di decisioni o raccomandazioni dell'Alta Autorità per incompetenza, violazione delle forme sostanziali, sviamento di potere o violazione del trattato o di ogni norma di diritto relativa alla sua applicazione.

Quanto alla competenza contrattuale, l'articolo 42 prevedeva la giurisdizione della Corte qualora essa fosse stata prevista all'interno di una clausola compromissoria contenuta in un contratto di diritto pubblico, come un contratto di impiego, o di diritto privato, come un contratto di fornitura, sottoscritto dalla Comunità.

Da allora per la Corte iniziò, grazie alla competenza di interpretazione dei Trattati e degli atti comunitari stimolata dai giudici nazionali (davanti ai quali queste norme erano invocate per risolvere le controversie tra cittadini), un percorso che la portò ad assumere un ruolo centrale nella spinta all'armonizzazione giuridica e sociale, tanto che fu in grado di tenere il passo con il progredire dell'integrazione europea, a volte persino anticipandola.

1.3 Dalla Corte di giustizia CECA alla sovranazionalità giuridica europea

Quando si parla di sovranazionalità, ossia dell'idea di creare un'organizzazione internazionale dotata di propri poteri che nascono dai trasferimenti di porzioni delle sovranità nazionali degli Stati che ne fanno parte ai suoi organi, si pensa normalmente alle dinamiche istituzionali poste in essere per sviluppare un efficace sistema democratico. In realtà, la sovranazionalità ha anche un risvolto giuridico. Infatti gli atti giuridici adottati dalle istituzioni sovranazionali hanno oggi la caratteristica di entrare a far parte dei sistemi giuridici degli Stati membri e di creare diritti e doveri non solo per questi ultimi, ma anche per i cittadini. Questo significa che, oggi, qualunque cittadino europeo può, nelle materie disciplinate dal diritto europeo, utilizzare quest'ultimo per risolvere le controversie nelle quali sia coinvolto davanti ad un giudice.

Nell'elaborazione del concetto di sovranazionalità giuridica la Corte di giustizia svolse il ruolo preminente, elaborando nel tempo le sue tre caratteristiche fondamentali.

In primo luogo formulò la nozione di applicabilità diretta del diritto comunitario. Lo fece per la prima volta nel 1963 nella sentenza *Van Gend en Loos,* causa 26/62, rispondendo a un giudice nazionale che chiedeva se una ditta olandese potesse invocare un diritto fondato su una norma del Trattato di Roma e, cioè, su una norma in apparenza rivolta ai soli Stati membri, e se il giudice dovesse tutelarlo in tal senso. La Corte diede risposta affermativa sulla base del fatto che il diritto comunitario era il frutto della limitazione delle sovranità nazionale a vantaggio della Comunità e che, quindi, si rivolgeva non solo agli Stati membri, ma anche ai loro cittadini, creando dei diritti che di conseguenza entravano a far parte della loro patrimonio giuridico. Così facendo il cittadino divenne titolare di diritti comunitari che potevano essere utilizzati contro norme di contenuto contrario presenti nel diritto nazionale, attraverso la loro disapplicazione da parte dei giudici nazionali. Nel tempo questa giurisprudenza è stata ampliata fino a comprendere gli atti adottati dalle istituzioni europee, come i regolamenti e le direttive.

Seconda caratteristica della sovranazionalità giuridica è il primato del diritto europeo sul diritto nazionale. Questo significa che in caso di conflitto fra una norma di diritto europeo e una norma nazionale il giudice ordinario deve disapplicare la norma nazionale. Questo principio, espresso nella sentenza del 15 luglio 1964 *Costa/Enel*, causa 6/64, non fu da subito accolto dagli Stati membri, in particolare dalle Corti costituzionali di Francia, Germania e Italia, che posero inizialmente il limite della sua compatibilità con i sistemi nazionali di tutela dei diritti umani contenuti nelle rispettive Costituzioni. La Corte fu indotta all'intervento nella garanzia dei diritti fondamentali soprattutto ad opera delle Corti costituzionali nazionali, in particolare da quella tedesca e italiana. Ad esempio, la sentenza della Corte costituzionale federale tedesca del 1974, formalmente definita come *Solange I*, la quale asseriva che, fino a quando a livello europeo non ci fosse stata una tutela sufficiente dei diritti fondamentali la stessa Corte costituzionale tedesca si sarebbe riservata di verificare l'applicazione del diritto comunitario sulla base dei contenuti del dettato costituzionale nazionale, suscitò la reazione della Corte di Lussemburgo, inducendola a rafforzare in modo considerevole la tutela dei diritti fondamentali. Questo slancio si verificò al punto tale che già circa 10 anni più tardi la Corte costituzionale tedesca poté affermare l'esistenza a livello europeo di uno standard nella garanzia dei diritti fondamentali di eguale qualità rispetto quello nazionale.

Ad ogni modo, la Corte di giustizia risolse gradualmente questo problema cominciando a prendere in considerazione la tutela dei diritti umani in quanto principi comuni agli Stati membri, come meglio si specificherà nei paragrafi successivi.

Terza, e ultima, caratteristica della sovranazionalità giuridica è la nozione di competenza esclusiva dell'Unione, secondo la quale essa adotta gli atti necessari per la realizzazione degli obiettivi dei trattati, con la conseguente perdita per gli Stati membri del potere di adottare leggi nazionali contrastanti e del potere di contrarre accordi internazionali con Stati ulteriori che possano incidere, limitandole, sulle norme di diritto comunitario in vigore. Questo principio, espresso nella sentenza del 31 marzo 1971 *Commissione/Consiglio*, causa 22/70, mirava a salvaguardare la capacità dell'Unione di sviluppare la propria nozione unitaria rispetto alle iniziative dei singoli che potessero volgere verso una direzione differente.

Il ruolo propulsivo della Corte sopra descritto fu molto discusso, soprattutto negli anni '70 e '80: infatti, il potere esercitato da questa veniva considerato legittimo nella misura in cui rispettava la sua natura giurisdizionale, ossia se si limitava a far rispettare il diritto come stabilito dal trattato senza oltrepassare le proprie funzioni e in particolare senza lambire le competenze del legislatore.

Infatti, il metodo usato della Corte fu criticato da chi accusava la giurisprudenza della Corte di voler accelerare le tappe dell'integrazione con argomenti spesso più politici che giuridici. Ad ogni modo, dopo circa 60 anni di attività, una parte di queste discussioni è stata superata, stante i risultati raggiunti nella tutela dei diritti dell'individuo.

2. L'integrazione costituzionale europea

2.1 Il ruolo della Corte di giustizia nel rafforzamento del processo di integrazione

Inizialmente le competenze della Corte riguardavano solo la sfera economica. Successivamente esse si ampliarono includendo anche settori della giustizia e affari interni e della politica estera e di sicurezza comune fino ad arrivare ad abbracciare il tema dei diritti fondamentali.

L'ampliamento graduale delle competenze legislative dell'Unione, derivante dal susseguirsi di nuovi Trattati da un lato e dal rafforzamento della competenza a giudicare della Corte di giustizia[1] dall'altro,

[1] Ad esempio l'Atto unico europeo, del 1986, aprì la possibilità di affiancare alla Corte di giustizia una giurisdizione competente a conoscere in primo grado talune categorie di ricorsi proposti da persone fisiche o giuridiche, da cui derivò l'istituzione del Tribunale di primo grado delle Comunità europee nel 1988. Ancora, il Trattato di Amsterdam firmato il 2 ottobre 1997 estese la giurisdizione della Corte di giustizia; il Trattato di Nizza del 23 febbraio 2001, riformò l'organizzazione giudiziaria parificando il Tribunale di primo grado alla Corte di giustizia nei compiti di garanzia del diritto dell'Unione. E infine, con decisione del Consiglio del 2 novembre 2004 si è aggiunto il Tribunale della Funzione Pubblica dell'Unione euro-

chiaramente si riflettono nell'evoluzione della sua giurisprudenza che può essere diviso in quattro periodi principali.

Nel primo periodo, come già detto, la Corte si occupò soprattutto dei suoi principi costitutivi come quelli dell'efficacia diretta o della supremazia del diritto comunitario dedicandosi così all'interpretazione di ciò che, essendo prima inesistente, necessitava di essere chiarito[2]. In un secondo momento la Corte volle consolidare alcuni principi giurisprudenziali enucleati nel primo periodo spingendosi fino a pronunciarsi sull'importanza del riconoscimento dei diritti fondamentali, quali parte integrante dei principi generali del diritto tutelati da essa stessa[3]. Nel terzo periodo, la Corte si premurò di bilanciare le competenze e garantire i diritti riconosciuti: infatti, da un lato sottolineò la necessità di separare e precisare le competenze di ciascuna istituzione europea[4], dall'altro individuò strumenti di coercizione contro gli Stati carenti nell'applicazione del diritto comunitario riconoscendo, ad esempio, il diritto del

---

pea, ossia giurisdizione specializzata in merito al contenzioso proposto dagli agenti delle istituzioni europee in opposizione ad esse.

[2] Sentenza Corte di giustizia, 15 luglio 1964, C-6/64, *Costa/Enel*; 5 febbraio 1963, C-26/62, *Van Gend en Loos*.

[3] Sentenza Corte di giustizia, 17 dicembre 1970, C-11/70, *International Handelsgesellschaft mbH/Einfuhr- und Vorratsstelle fur Getreide und Futtermittel*, p. 4; 13 dicembre 1979, C-44/79, *Hauer/Land Rheinland-Pfalz*, p. 15.

[4] Sentenza Corte di giustizia, 2 marzo 1994, C-316/91, *Parlamento/Consiglio*, p. 12; 22 maggio 1990, C-77/88, *Parlamento/Consiglio (Chernobyl)*, p. 21.

cittadino a ottenere il risarcimento dei danni subiti a causa dalla sua non corretta applicazione[5]. Nell'ultimo periodo, non ancora concluso, i giudici di Lussemburgo hanno sviluppato una vera e propria giurisprudenza in materia di diritti fondamentali, tale da rendere la Corte una sorta di giudice para-costituzionale: infatti, mentre in epoca più lontana i diritti venivano enunciati in maniera generica, oggi la Corte sostanzialmente costituzionalizza alcuni di essi[6].

In realtà, la formazione dei diritti fondamentali europei ha vissuto una lunga fase di gestazione. Infatti, la Corte inizialmente negò la propria competenza in merito[7] affermando che tutti gli atti delle istituzioni dovevano ritenersi subordinati solo ai Trattati. Successivamente, però, mutò atteggiamento cominciando a sviluppare un filone giurisprudenziale anche nel campo dei diritti fondamentali da essi non espressamente nominati. Ad esempio nella controversia *Van Gend en Loos*[8] dichiarò il rispetto dei diritti fondamentali della persona in quanto essi "fanno parte dei principi generali del diritto comunitario, di cui la Corte garantisce l'osservanza" rendendoli, dunque, pienamente

---

[5] Sentenza Corte di giustizia, 19 maggio 1991, cause riunite C-6/90 e C-9/90, *Francovich e a./Repubblica Italiana*, pp. 32-37.

[6] Sentenza Corte di giustizia, 3 settembre 2008, cause riunite C-402/05 e C-415/05, *Kadi e Al-Barakaat International Foundation/Consiglio*, p. 316.

[7] Sentenza Corte di giustizia, 4 febbraio 1959, C-1/58, *Friedrich Stork & CO. contro l'Alta Autorità* CECA.

[8] Sentenza Corte di giustizia, 5 febbraio 1963, C-26/62, Cit.

giustiziabili in caso di violazione da parte di un atto normativo comunitario. Ancora, nella controversia *Nold*[9] la Corte arrivò a individuarne le modalità e i parametri di tutela: da un lato ci si doveva rifare alle tradizioni costituzionali degli Stati membri e ai Trattati internazionali in tema di diritti fondamentali a cui essi avevano aderito (ad esempio la Convenzione europea dei diritti dell'uomo); dall'altro si dovevano rispettare i limiti del diritto comunitario stesso in considerazione degli obiettivi d'interesse generale della Comunità. Infine, con la sentenza *Hauer*[10], la Corte fece il primo richiamo ai diritti sanciti dalla CEDU (Convenzione europea dei diritti dell'uomo), ai quali si sarebbe da allora ispirata.

Sulla base di queste premesse, negli anni seguenti la Corte sviluppò, senza alcuna base testuale nei Trattati istitutivi, un catalogo di diritti fondamentali del diritto europeo che comprendeva, ad esempio, il principio di proporzionalità, il diritto di proprietà e la libertà di iniziativa economica, il principio di uguaglianza, di libertà religiosa, la libertà sindacale, la ragionevole durata del processo e la parità retributiva tra uomo e donna.

Venne così a emergere un modello sovranazionale di tutela dei diritti fondamentali intesi come principi desunti da una serie di materiali normativi, tra cui le tradizioni costituzionali comuni e i diritti garantiti dalle Car-

---

[9] Sentenza Corte di giustizia, 14 maggio 1974, C-4/73, *Nold* KG/*Commissione.*

[10] Sentenza Corte di giustizia, 13 dicembre 1979, C-44/79, *Hauer/Land Rheinland-Pfalz.*

te internazionali, il quale poi si tradurrà in un'apposita disposizione del Trattato di Maastricht nel 1992 (art. 6.2).

Si tratta di un sistema sostanzialmente costituzionale di tutela che, costruito in via pretoria dal giudice europeo, presenta rilevanti caratteristiche distintive rispetto ai modelli disciplinati nelle Costituzioni nazionali.

La differenza con i sistemi nazionali è evidente: nelle Costituzioni esistono precisi cataloghi di diritti costituzionalmente protetti e il sistema delle garanzie si articola sull'affidamento al legislatore del compito attivo di promuoverne l'applicazione; il ruolo del giudice è quello di farne rispettare i limiti costituzionalmente predefiniti; la tutela dei diritti fondamentali prevale sulle finalità di carattere economico; infine, vi è l'esistenza di un giudice costituzionale chiamato a sindacare le scelte del legislatore ordinario nelle ipotesi in cui queste non rispettino il dettato costituzionale.

Questo diverso modello è il frutto essenzialmente delle peculiarità del diritto europeo che è strutturato secondo un'ottica funzionalista, ossia è composto da un nucleo di norme rivolte solo ad alcuni settori. Questo ha fatto sì che alcune aree del diritto restassero fuori dalla portata legislativa europea, con la conseguente impossibilità di creare un diritto sistematicamente completo da cui far derivare, per via legislativa, dei diritti fondamentali.

Per far fronte a questa struttura giuridica la Corte di giustizia, in accordo con le istanze politiche e sociali, ha svolto, forse più di ogni altra istituzione, un ruolo cardine, imprimendo una straordinaria accelerazione evolutiva verso il rafforzamento del processo di integrazione.

È in questo senso che si può parlare di un ruolo non solo giurisdizionale, ma anche di carattere *strutturale*, in quanto ha influito sul modo di essere stesso dell'ordinamento dell'Unione.

Questo è avvenuto in varie forme e direzioni.

In primo luogo, il suo contributo si è espresso verso la costruzione di un sistema giuridico omogeneo e tendenzialmente compiuto, con l'obiettivo di dargli organicità, coerenza e sistematicità, di rilevarne i principi qualificanti e di definirne le nozioni in maniera autonoma rispetto agli altri ordini giuridici.

La Corte ha valorizzato le disposizioni dei Trattati, specie quelle fondamentali, elevandole al livello di principi di struttura che hanno portato a definire il trattato la "Carta costituzionale di una Comunità di diritto", nella quale trovano posto, sempre su *input* della Corte, principi come quello di libertà, democrazia, legalità, uguaglianza e di rispetto dei diritti dell'uomo. A questa nozione di Comunità di diritto la Corte ha dato sostanza non solo imponendo alle istituzioni e agli Stati membri l'osservanza delle regole comuni, ma anche precisando e rafforzando la loro portata in funzione delle finalità del processo di integrazione e del rispetto dei suoi principi fondamentali. E questo sia quando svolgeva il suo ruolo di giudicante in ordine alla realizzazione del mercato unico, che era il suo compito principale fino agli anni '90, sia quando altre e più ampie tematiche si sono affacciate sulla scena europea e hanno costretto la Corte a occuparsi di problemi ancora più importanti e delicati, come la nozione di cittadinanza, le migrazioni o la tutela dei dati personali.

Il processo di sviluppo dei diritti fondamentali andò avanti senza sosta cercando sempre di seguire le esigenze e i limiti posti dal sentire sociale, come meglio descritto più avanti. Ad ogni modo, l'importanza del lavoro svolto dalla Corte nel realizzare un'unione di popoli basata su una comunità di diritti venne riconosciuto dalla firma della Carta dei diritti fondamentali dell'Unione europea il 7 dicembre del 2000 a Nizza.

Essa si presentava allora come uno strumento fondamentalmente privo di valore vincolante, che traeva però un indubbio valore interpretativo dal fatto di essere comunque ricognitivo di diritti in buona parte già altrove consacrati in forma giuridica. Al suo interno si trovavano, infatti, tutti i diritti consacrati dalla CEDU, oltre che la sostanza dei diritti proclamati dalla Carta sociale europea del 1961 (poi riveduta nel 1996) e tutti quei diritti intorno ai quali risulta costruito lo *status* di cittadino dell'Unione. Al tempo stesso, però, molti di questi sono formulati in modo non pienamente coincidente con quello usato da tali fonti e, in più, accanto a essi, è fatta menzione di una serie di nuovi diritti che si ricollegano ai primi all'interno di una strutturazione innovativa: essa è suddivisa in sei capitoli rispettivamente dedicati ai temi della dignità, della libertà, dell'uguaglianza, della solidarietà, della cittadinanza e della giustizia, in cui si mescolano diritti individuali classici, diritti collettivi e principi.

Data la forma assunta dalla sua proclamazione, avvenuta congiuntamente da Parlamento, Consiglio e Commissione, la Carta esprimeva in modo solenne una lettura di questi diritti condivisa e, pertanto, non stupisce che negli anni successivi siano stati frequenti i cenni che la giurisprudenza le ha dedicato, benché priva di forma vincolante, quale ulteriore riferimento rispetto alla CEDU e alle tradizioni costituzionali.

Con il Trattato di Lisbona del 13 dicembre 2007, la Carta dei diritti fondamentali, in una versione leggermente modificata rispetto a quella del 2000, venne ad acquistare efficacia vincolante. Ciò aprì apertamente la questione della costituzionalizzazione dei principi fondamentali europei.

2.2 L'Idea Costituzionale europea

L'idea di catalogare i diritti fondamentali europei e di dare alla Comunità europea una Costituzione è una questione ormai risalente nel tempo.

Il Parlamento europeo già nel 1984 ritenne che i tempi fossero maturi per la sua realizzazione, ma il suo progetto non suscitò particolare interesse: infatti, la Comunità europea appariva ancora al pubblico e alla politica come una zona di libero scambio senza profonda influenza sulle realtà nazionali. Solo dopo il Trattato di Maastricht del 1992, che introdusse nuove forme di cooperazione tra gli Stati membri creando 3 aree di intervento e ridusse la portata del metodo decisionale intergovernativo a favore del metodo comunitario, si iniziò a formare una coscienza collettiva nella misura in cui apparve chiaramente che la formazione delle decisioni politiche si era spostata dalle capitali nazionali a Bruxelles. La circostanza che a questo non corrispose l'istituzione di un Parlamento europeo con adeguati poteri di intervento accese la discussione sul cosiddetto deficit democratico, diffondendo così per la prima volta il tema del costituzionalismo europeo. Il Parlamento vide in questo sviluppo una nuova chance e propose un secondo progetto di Costituzione negli anni 1993 e 1994, il quale, tuttavia, non fu accolto né dagli organi della Comunità, né dagli Stati membri. Nonostante i continui rifiuti politici di immaginare una Costituzione formale, in realtà l'Unione europea, dal punto di vista giuridico sostanziale, è sempre stata organizzata in forma costituzionale: i Trattati ne hanno sempre definito i compiti e gli strumenti con cui adempiere alle relative funzioni, hanno sempre individuato i suoi organi delimitandone funzioni e competenze e hanno sempre chiarito il rapporto tra Unione e Stati membri e tra Unione e cittadini. Quello che mancava era la previsione di un catalogo di diritti fondamentali a cui, come visto, cercò di sopperire la Corte in via autonoma prima, e con l'ausilio della Carta di Nizza poi.

A dare rilevanza a un progetto costituzionale che prima era solamente implicito e comunque non espressamente supportato dalle forze politiche e sociali fu la *Convenzione europea sul futuro dell'Europa*[11], che, poi, portò alla stesura del trattato che adotta una Costituzione per l'Europa. La Convenzione fu molto

[11] Istituita durante il Consiglio europeo di Laeken (14-15 dicembre 2001).

accurata nel suo aspetto rappresentativo giacché la sua composizione tenne conto di tutti gli interessi, attuali e futuri, dell'Unione: oltre ai rappresentanti delle istituzioni, la Convenzione era composta da 15 membri in rappresentanza dei Capi di governo e di Stato degli Stati membri, da 30 rappresentanti dei parlamenti nazionali degli Stati membri, da 39 rappresentanti dei parlamenti e dei governi degli Stati candidati in quel momento a entrare nell'Unione europea e da osservatori rappresentativi delle parti sociali e degli organi consultivi (Comitato delle regioni e Comitato economico e sociale). Trattandosi di un organo consultivo, si scelse di non adottare una procedura di tipo diplomatico, ma si preferì un metodo rispondente a esigenze di apertura, trasparenza e democrazia. Infatti, il testo che ne derivò, il trattato che adotta una Costituzione per l'Europa, non venne mai votato nei singoli articoli, ma fu adottato per consenso, dopo un vivace dibattito durato 16 mesi, al termine dei lavori il 13 giugno e il 10 luglio 2003.

L'obiettivo di questo trattato era quello di inserire l'intero processo di integrazione in un quadro che evocasse il carattere costituzionale, non solo a livello di intitolazione, ma anche di contenuti, meccanismi e funzionamenti.

Questa fu la sede in cui fu dibattuta la questione relativa allo statuto giuridico della Carta dei diritti fondamentali approvata a Nizza. L'inclusione della Carta nel trattato che istituisce una Costituzione per l'Europa fu fortemente avversata dalla Gran Bretagna, ma attraverso un'accurata opera di mediazione e l'inserimento di clausole orizzontali di salvaguardia il testo fu incluso completamente al suo interno.

Tuttavia questo testo non entrò mai in vigore a causa delle bocciature referendarie in Francia e nei Paesi Bassi. Ne seguì la firma di un nuovo Trattato, quello di Lisbona, approvato con i consueti metodi intergovernativi, che però non cambiò poi di molto la questione costituzione precedentemente discussa. È vero che da quest'ultimo fu rimosso ogni riferimento a tutto ciò che è "Costituzione" o "costituzionale", ma è altrettanto vero che circa il 96-97% degli enunciati del Trattato costituzionale si ritrova anche nel Trattato di Lisbona. Dunque, viene difficile immaginare una linea di discontinuità tra l'uno e l'altro. Quello che qui interessa è che la Carta di Nizza divenne, agli occhi dei giudici europei, qualcosa di diverso. Il valore vincolante modificava il rapporto tra le fonti: se prima le sue norme fungevano da ausilio all'interpretazione della CEDU e alle tradizioni costituzionali comuni agli Stati membri, da quel momento la Carta diventava il vero catalogo dei diritti fondamentali dell'Unione e quindi il primo documento di riferimento per l'individuazione del parametro su cui commisurare l'effettivo rispetto di tali diritti da parte dei soggetti che ne sono vincolati. La giurisprudenza successiva al Trattato di Lisbona mostra in effetti come ormai siano le disposizioni della Carta a essere in linea di principio invocate dai ricorrenti e utilizzate dai giudici, mentre le altre fonti fungono da eventuale elemento ulteriore di conferma.

2.3 Una costituzione materiale per l'Europa

Ma come leggere tutti i coraggiosi avanzamenti in tema di diritti fondamentali? Come leggere l'accettazione di essi in Stati che hanno faticosamente adottato le loro Costituzioni?

Queste domande richiederebbero un'analisi del costituzionalismo europeo e della nozione giuridica di Costituzione. Quello che qui interessa però è comprendere il fenomeno da un punto di vista sociale e dunque evolutivo.

Da questo punto di vista, non si deve avere il timore di affermare che, in qualche modo, la tutela apprestata anche dalle più avanzate e aggiornate Carte costituzionali per alcuni versi si è rivelata insufficiente nello stare al passo con l'evoluzione globale. Esse, dunque, si sono mostrate bisognose di essere sorrette e integrate da ulteriori garanzie che solo in ambito sovranazionale possono essere offerte in modo adeguato.

Infatti, ormai la salvaguardia dei diritti fondamentali sfugge al controllo dei "Signori dei trattati" e quindi non soggiace più alla logica pattizia che ha caratterizzato, e che ancora caratterizza, l'Unione europea.

L'idea di Costituzione materiale europea è un'idea di un insieme di principi fondamentali che non si chiudano in se stessi ma, all'inverso, siano aperti al contagio da parte di altri documenti di natura costituzionale per la materia che trattano, come le Carte internazionali dei diritti.

Da questa prospettiva si può dire che l'Unione europea si è, sia pure in parte, costituzionalizzata, e ciò è avvenuto per diffuso riconoscimento da parte degli Stati proprio grazie alla giurisprudenza della Corte di giustizia. La battuta d'arresto subita dal Trattato costituzionale, la soluzione al ribasso escogitata con il Trattato di Lisbona e l'attuale momento di difficoltà politica, nulla tolgono al significato della costituzionalizzazione, una costituzionalizzazione in linea con la natura dell'Unione europea che non può mai dirsi pienamente compiuta ma che si assoggetta a continue verifiche e a sostanziali rimodellamenti.

Va precisato che la Carta di Nizza non intende in alcun caso o modo prendere il posto delle Carte nazionali, laddove queste ultime offrano una più efficace e avanzata tutela dei diritti. Piuttosto, essa vuole intervenire in via sussidiaria, colmando carenze strutturali degli ordinamenti costituzionali nazionali oppure offrendosi quale strumento per la reinterpretazione delle Carte stesse.

Inoltre, all'inverso, e come vedremo meglio nel capitolo successivo, i materiali offerti dalle Carte nazionali si mettono a disposizione dell'ordine europeo affinché da esse possa trarsi quanto di meglio manca al diritto costituzionale europeo, in vista della sua incessante rigenerazione, del suo arricchimento valoriale e della sua piena realizzazione.

Questo comporta che, se da un lato la sovranità può apparire contratta per il fatto di essere condivisa, dall'altro da questa condivisione può trarre nuova linfa per crescere, sebbene in forme finora inusuali, affermandosi laddove prima non era riuscita a fare.

Come detto, non si nega la difficoltà di inquadrare nella nozione di Costituzione, intesa in senso ottocentesco come fonte legislativa primaria di uno Stato, quanto sta accadendo nello spazio giuridico europeo, ma la difficoltà di inserire un fenomeno in una nozione esistente e cristallizzata non deve bloccare il divenire giuridico, politico e sociale.

3.
Il dialogo tra i giudici

3.1 Lo ius commune europeo

Per comprendere l'armonizzazione giuridica realizzata dalla Corte di giustizia dell'Unione europea si deve considerare che tra i Paesi membri, fin dall'istituzione della CECA, vi sono sia Paesi appartenenti a una tradizione giuridica di *common law* sia Paesi di tradizione romanistica.

Questa distinzione non ha una valenza solo meramente tassonomica e giuridica, ma è frutto di mentalità, di valori e, per certi versi, di logiche profondamente diverse.

Infatti, nei sistemi romanistici la normazione risponde a una esigenza di razionalità *universale*: la legge scritta si configura come comando astratto e solo in un secondo momento viene declinata per trovare applicazione nei singoli casi concreti, con un percorso che va dal generale al particolare.

All'opposto, nei sistemi di *common law* prevale una razionalità *concreta*, collegata a una determinata realtà sociale e politica, a esigenze pratiche, costumi e tradizioni locali. In questo caso il diritto è frutto della prassi applicativa, con un percorso che va dal particolare al generale, ed è sostanzialmente prodotto da dinamiche sociali che vengono interpretate dai giudici, prima ancora che l'intervento autoritativo del legislatore possa esplicarsi.

Nonostante questa granitica classificazione sembri a prima vista assorbire tutta la sistematica giuridica, tra di esse si innesta la metodologia del diritto europeo, che, di fatto, si nutre di entrambi i sistemi andando a recuperare una metodologia che ormai era stata dimenticata.

Un sistema ibrido, infatti, ci viene consegnato dalla storia. Grazie allo studio dei testi Giustinianei e dei testi canonici effettuato nelle università in epoca tardo medievale, vennero create delle regole e dei principi comuni da applicare a una realtà ampia e variegata di diritti locali (cosiddetti *iuria propria*) in caso di loro lacune e incertezze. Successivamente, dal XVI al XVIII secolo, a questo diritto comune di matrice dotta fu affiancato un diritto comune di matrice giurisprudenziale, prevalentemente affidato alla circolazione delle opinioni dei giudici e degli avvocati, poi raccolte in una letteratura ad uso del foro.

Queste diramazioni si estendevano a tutta l'area europea, compresa l'Inghilterra, dove, in presenza di giuristi educati secondo i dettami del diritto romano-canonico, si notavano influenze e tecniche interpretative diverse tali da giustificare l'idea di un diritto comune europeo.

Questo diritto era formato da diverse branche (il diritto romano, il diritto feudale, la *lex mercatoria*, una sorta di diritto internazionale privato, gli statuti e gli usi locali) tenute insieme dalla *communis* o *magis communis opinio totius Europae*. Così composto, esso si alimentava attraverso la comunicazione tra i giuristi forensi dei vari ordinamenti "statuali", che erano, dunque, intesi e strutturati come ordinamenti aperti alla loro circolazione e alla circolazione delle più autorevoli opinioni, essendo vigente quella libertà di stabilimento che nell'ambito del diritto europeo odierno ha fatto tanto discutere.

Dal passato appena descritto vengono oggi presi due elementi di sicura utilità. Il primo riguarda il diritto comune come grande fatto di unità culturale e spirituale del sapere giuridico europeo. L'altro è relativo a una concezione dell'ordinamento giuridico come aperto dal lato delle sue fonti e in rapporto di comunicazione con altri ordinamenti e con i loro giuristi. Infatti, come si evince dalla descrizione brevemente riportata, l'Europa del diritto rappresenta storicamente un'esperienza caratterizzata, nel suo complesso, da un'idea di diritto a carattere extra-statuale, frutto di una cultura e di una mentalità giuridica formate e plasmate all'insegna di uno spirito transnazionale: infatti, esso fa dipendere il riconoscimento di regole e principi all'interno dell'ordinamento locale da una concordanza e convergenza con altri ordinamenti inseriti nell'orbita della comunicazione del mondo civile. Il mondo europeo è così visto come spazio di circolazione delle opinioni e delle decisioni dei giuristi forensi (giudici e avvocati) rese presso le giurisdizioni di vertice e negli ambienti elitari dei ranghi primari dell'avvocatura.

Di tutto ciò vi è traccia nella formazione del diritto dell'Unione europea. Infatti, vi è stata una prima fase durante la quale si sono intrecciati due differenti livelli legislativi: quello nazionale e quello dell'Unione. Successivamente, il diritto europeo ha espanso il suo ambito applicativo fino a permeare completamente alcune materie di fondamentale importanza per la vita dei cittadini, come nel caso del diritto della concorrenza, dei consumatori, dell'ambiente e così via, grazie anche all'incisiva opera della Corte di giustizia dell'Unione europea e degli operatori del diritto che ruotano intorno ad essa.

Infine, questo processo si è ulteriormente sviluppato fino a iniziare a catalogare delle tradizioni costituzionali comuni agli Stati membri che hanno portato, e stanno ancora portando, verso la creazione di una Costituzione materiale europea.

3.2 La circolazione dei modelli

Come detto, per l'espansione del diritto europeo, nella forma dello *ius commune* europeo, sono state di fondamentale importanza le tradizioni costituzionali comuni agli Stati membri, espressamente richiamate dai Trattati. Pioniere in tal senso fu l'avvocato generale Lagrange che, nelle sue conclusioni nella causa *Assider/Alta Autorità*, fece una magistrale analisi comparatistica della nozione di sviamento di potere nei vari ordinamenti degli allora sei Stati membri delle Comunità europee[12]. In questa occasione la Corte,

[12] Conclusioni riunite dell'avvocato generale Lagrange dell'11 novembre 1954, cause riunite C-3/54, *Assider/Alta autorità della Co-*

chiamata a decidere su un problema giuridico per il quale il trattato non conteneva alcuna norma, per non denegare giustizia, ritenne di "risolvere tale problema informandosi alle leggi, alla dottrina ed alla giurisprudenza dei Paesi membri"[13].

Questo ha aperto a chiare lettere la questione della presa di coscienza di un fenomeno da sempre esistito, ossia della creazione a-nazionale dei modelli giuridici e della loro circolazione da un sistema all'altro come normale motore dell'evoluzione giuridica.

In particolare, questi trapianti possono essere operati volontariamente dal legislatore, come nel caso del *Code Napoleon* e del Codice civile italiano del 1865 e del 1942, oppure in maniera inconscia attraverso l'operato dei giudici o attraverso gli studi della dottrina che, di fronte a casi concreti, suggeriscono una certa innovazione come la migliore interpretazione della norma coinvolta. Nel caso del trapianto occulto, la circolazione giuridica ha la caratteristica di non essere stata diretta da un singolo gruppo di menti centralizzate in vista di fini completamente espliciti o per il raggiungimento di esiti sociali particolari, ma è dovuta più alle necessità interne della professione giuridica.

Invece, nel caso del diritto dell'Unione europea il trapianto ha seguito una parabola differente.

---

munità europea del carbone e dell'acciaio, pp. 3-54 e *Isa/Alta autorità della Comunità europea del carbone e dell'acciaio*, pp. 4-54 e p. 127.

[13] Sentenza Corte di giustizia, 12 luglio 1957, cause riunite C-7/56, e da C-3/57 a 7/57, *Algera e a./Assemblea comune*, p. 81.

Sebbene anche in questo caso il punto di partenza sia stato una circolazione inconscia e graduale, fosse solo per l'iniziale limitata competenza della Corte, via via si è assistito a un vero e proprio confronto diretto ed esplicito sui principi qualificanti il sistema giuridico europeo.

È stato proprio a seguito della causa *Assider/Alta Autorità* che si iniziò a realizzare quella fusione delle tradizioni e dei principi locali a cui oggi viene dato il nome di "circolazione dei modelli", che si attua tramite un dialogo costante tra i giudici nazionali, la Corte di giustizia e la Corte europea dei diritti dell'uomo. È un dialogo che obbliga tutti gli attori coinvolti alla lettura dei valori dell'ordinamento *sub iudice* alla luce dell'esigenza di evitare, o ridurre, le antinomie fra sistemi autonomi e distinti chiamati a convivere. Attraverso questo dialogo nasce una relazione a doppio binario: da un lato le Corti nazionali danno ingresso entro il perimetro dell'ordine pubblico costituzionale nazionale a dei valori tratti dall'integrazione europea, rileggendo i propri valori alla luce dell'esigenza di interpretare le norme dell'ordinamento nazionale in modo conforme al diritto europeo; dall'altro sono esse stesse che contribuiscono costantemente alla costruzione di questi valori.

La circolazione dei modelli riesce, così, a garantire la protezione e la valorizzazione dell'identità degli Stati membri e, al contempo, a salvaguardare l'identità della stessa Unione: per questa via, si vede assicurata la penetrazione all'interno degli ordinamenti nazionali dei principi originati dagli ordinamenti nazionali stessi, ma rimodulati sulle esigenze dell'ordinamento europeo[14].

Per realizzare questo sistema è stato utilizzato prevalentemente il rinvio pregiudiziale alla Corte di giustizia, oggi previsto dall'art. 267 TFUE (Trattato sul funzionamento dell'Unione europea), come strumento di confronto diretto tra giurisdizioni nazionali e Corte europea sui grandi temi del sistema giuridico comunitario complessivamente considerato.

Questo confronto è stato realizzato sia sui diritti fondamentali della persona, sia su quei diritti non fondamentali dei singoli che però sono collegati ai principi qualificanti del sistema. In questo modo il dialogo tra i giudici ha permesso di valorizzare al meglio il carattere non solo verticale della circolazione dei valori e dei principi propri degli ordinamenti nazionali, ma anche la loro diffusione orizzontale, portando così a realizzare un nucleo di principi comuni del vivere insieme nella comunità di diritto.

Al contrario, la pluralità delle istituzioni giurisdizionali coinvolte dovrebbe essere valorizzata, per fare dello spazio giudiziario e giuridico europeo un autentico "laboratorio di pluralismo". L'esperienza degli ultimi decenni dimostra che, pur essendo ciascuna legata a un principio identitario e rispettosa della coerenza intrin-

[14] Sentenza Corte di giustizia, 11 luglio 1974, C-8/74, *Dassonville*; 24 novembre 1993, cause riunite C-267/91 e C-268/91, *Bernard Keck e Daniel Mithouard*; 30 settembre 2010, causa T-85/09, *Kadi/Commissione.*

seca del proprio sistema giuridico, le istituzioni giurisdizionali si sforzano tutte, o quasi, di operare nella direzione indicata.

Con ciò contribuendo a formare un sistema giuridico misto alla cui formazione hanno partecipato, e stanno partecipando, numerosi soggetti.

4.
I metodi per realizzare l'integrazione

4.1 Il contesto: multilinguismo e multiculturalismo

Analizzato il ruolo della Corte del Lussemburgo nel processo di integrazione europea e spiegata l'armonizzazione giuridica a cui essa prende parte, occorre analizzare come, di fatto, questo avvenga all'interno delle aule della Corte stessa.

Tuttavia, prima di entrare nel vivo del metodo interpretativo usato dai giudici, occorre comprendere il contesto del tutto peculiare in cui essi operano, poiché lo spazio europeo costituisce notoriamente una realtà complessa e frammentata sia da un punto di vista linguistico che culturale.

Quanto al primo aspetto la Corte di giustizia è l'unica istituzione ad aver applicato completamente il precetto secondo il quale tutte le lingue ufficiali degli Stati membri sono lingue ufficiali dell'Unione. In ossequio al principio del multilinguismo la Corte ha creato, fin dalle origini, una vera e propria macchina di traduzione e comparazione giuridico-linguistica grazie alla quale si è realizzata una cooperazione a diversi livelli[15] idonea

[15] Studio dei diritti degli Stati membri, comparazione tra essi, cre-

a legittimare la graduale espansione del diritto europeo generato dalle sentenze in tutti gli Stati membri.

Ovviamente il problema non è di mera traduzione. Infatti, i giuristi linguisti si trovano di fronte a sistemi giuridici differenti, costruiti sulla base di nozioni giuridiche differenti espresse attraverso registri linguistici differenti, e hanno il compito di armonizzarli per contribuire alla corretta traduzione degli atti processuali, delle sentenze e dei pareri degli avvocati generali, al fine di renderli utilizzabili dai giudici e dalle parti, nonché conoscibili ai cittadini.

Questo sarà possibile solo attraverso la comparazione giuridica e quindi attraverso un continuo scambio tra culture giuridiche diverse, volto alla creazione di un ponte comunicativo tra esse.

Inizia così un confronto quotidiano tra giuristi di formazione diversa, che proseguirà con il confronto tra di essi e le nozioni giuridiche a cui la Corte ha voluto dare un senso autonomo. Tale confronto, poi, porterà a una descrizione dettagliata di un istituto per renderlo comprensibile e utilizzabile da tutti oppure alla creazione di istituti autonomi di diritto europeo.

Il ruolo della comparazione giuridica deve quindi essere visto come un *ponte* che unisce mondi tra loro distanti: essa è una modalità comunicativa, non una possibilità di misurare le distanze esistenti tra differenti esperienze giuridiche, bensì una possibilità di metterle in comunicazione.

---

azione di nuove categorie giuridiche, traduzioni accurate da parte dei cosiddetti giuristi linguisti, ecc.

Quanto all'altro aspetto caratterizzante l'ambiente di lavoro della Corte, ossia il multiculturalismo, si pone il problema di legittimare una sentenza in uno spazio pubblico unitario privo di cultura omogenea, sia da un punto di vista sociale sia da un punto di vista culturale, e privo di contesto valoriale condiviso. In tale situazione, il modo migliore per legittimare una decisione in tutti gli Stati membri è quello di assicurare un equilibrio tra le diverse prospettive che può essere raggiunto grazie a un'attività di mediazione: essa presuppone la costruzione di un'area di precomprensione in cui i soggetti si pongono all'ascolto delle altrui istanze creando un movimento riflessivo. Tale riflessività implica il distacco dalla propria cultura, che avviene in maniera automatica al contatto con un'altra cultura giuridica (valoriale e sociale), e il successivo ritorno alla propria. Si crea così un senso comune interculturalmente fondato, che porta inevitabilmente alla riformulazione del proprio giudizio in ottica collaborativa. L'approccio dialogico farà sì che dal senso comune sorgano soluzioni mediate e, quindi, condivise.

La mediazione descritta si svolgerà su molteplici piani: nei confronti del contesto sociale e delle rappresentazioni in esso operanti; nei confronti del complesso ordinamentale all'interno del quale deve essere ascritta ogni controversia; e nei confronti dei vari soggetti che interagiscono e reagiscono tra loro nella controversia.

In altre parole è fondamentale, per legittimare una decisione in un contesto frammentato come quello europeo, rendere una decisione *accettabile*, il che significa avere una "giurisdizione sensibile alla cultura", che promuova l'eguaglianza tra prospettive differenti tramite l'istituzione di un'area imparziale che implichi il riconoscimento reciproco.

Nel processo dell'Unione europea tale area di precomprensione si crea attraverso tre momenti distinti, ossia lo studio della controversia, l'eventuale discussione in udienza e con la riunione in camera di consiglio. Lo studio della controversia è un momento in cui i giudici della Corte, i referendari ausiliari del giudice e gli avvocati generali analizzano il caso concreto, con attenzione anche ai differenti ordinamenti operanti all'interno dell'Unione europea con l'obiettivo di emanare una sentenza che possa rappresentare una visione coordinata degli stessi. A tal fine è anche previsto un sistema comunicativo interno ai diversi gabinetti, ciascuno dei quali può formulare delle osservazioni sulle controversie affidate in trattazione a un altro giudice.

Quanto all'udienza, gli avvocati delle parti, gli avvocati degli Stati membri partecipanti e gli agenti delle istituzioni[16] esprimono le loro considerazioni in merito alla qualificazione delle fattispecie e alle conseguenze concrete della decisione, ciascuno nella propria lingua d'origine e ciascuno secondo le proprie categorie giuridiche.

Quanto, infine, alla fase della discussione in camera di consiglio, va considerato che all'interno della Corte vi sono 28 giudici, uno per Stato membro, e che essa

[16] Non si deve dimenticare che gli Stati membri e le istituzioni sono cosiddetti "soggetti privilegiati", in quanto possono sempre intervenire nelle controversie trattate dalla Corte di giustizia senza dover dimostrare la presenza di un interesse diretto e concreto nella stessa.

deve essere composta da almeno tre giudici, fino a un massimo di quindici giudici. Il loro lavoro di confronto orientato alla decisione, iniziato con lo studio della controversia, arriva a conclusione alla fine della trattazione della causa con una prima riunione orientativa in cui i giudici esprimono i loro punti di vista sulla soluzione da preferire. Poi, sulla base di quanto emerso nella discussione, il giudice relatore redige un progetto di sentenza che viene discusso e approvato senza che abbiano spazio pubblico le opinioni dissenzienti.

Alla luce di quanto sopra, si vede come il contesto di partenza, ampiamente frammentato, abbia avuto un ruolo centrale nella strutturazione di un processo che avesse come primo obiettivo l'ascolto delle diversità. Infatti, quando si parla di funzione armonizzante del diritto dell'Unione e delle decisioni della Corte di giustizia si fa proprio riferimento a questa necessità di gestire le differenze, valorizzandole.

4.2. L'interpretazione

4.2.1 L'interpretazione letterale

Con questa espressione ovviamente ci si riferisce anche nel diritto europeo al senso fatto palese delle parole, come espresso dai simboli verbali nella loro connessione grammaticale. Tale metodo nasce fondamentalmente da due esigenze. In primis riflettere il principio della certezza del diritto; in secondo luogo la necessità di garantire il rispetto dell'equilibrio inter-istituzionale. Semplicemente, quello che si fa è chiedere all'interprete di rispettare la separazione dei poteri e quindi di non mettersi al posto del legislatore, ma di seguirne la volontà.

Riguardo a quest'ultimo aspetto, va rilevato che, in una arena come quella dell'Unione europea, in cui la separazione dei poteri assume una connotazione diversa da quella classica, la questione non può che assumere dei significati differenti: infatti, l'interpretazione letterale è solo il punto di partenza dell'interpretazione giudiziale. Essa non può essere decisiva a causa della tecnica di redazione normativa priva di definizioni e caratterizzata da una cosciente ampiezza nella formulazione[17]. Piuttosto viene impiegata nell'ambito della comparazione giuridico-linguistica dei testi normativi allo scopo di accertare il significato delle parole per determinare quale sia, in ultima analisi, l'esatta formulazione della disposizione[18]. Infatti, nel caso di divergenze tra differenti versioni linguistiche di un atto europeo, la Corte non si può limitare a interpretare l'atto alla luce del testo di una di queste versioni. In questi casi la questione deve essere interpretata in funzione del sistema e delle fina-

[17] Sentenza Corte di giustizia, 16 dicembre 1960, C-6/60, *Jean-E. Humblet/Stato Belga*, secondo la quale non è sufficiente per la Corte adottare l'interpretazione letterale essendo "necessario accertare se essa trovi conferma in base ad altri criteri attinenti, in specie, alla comune volontà delle Alti Parti contraenti ed alla *ratio legis*".

[18] Ad esempio l'art. 48 del Trattato CEE usava, nel testo inglese, l'espressione "public policy", tradotto in francese con l'espressione "ordre public", una falsa equivalenza con cui l'avvocato generale Warner ha dovuto fare i conti per trovare la parola giusta nella sentenza della Corte di giustizia, 27 ottobre 1977, C-30/77, *Regina/Bouchereau*.

lità della normativa di cui essa fa parte[19]. Ciò, tuttavia, non esclude che la Corte possa fare riferimento ad alcune delle versioni linguistiche per rafforzare l'argomentazione giuridica: questo non significa dare precedenza a una certa versione, ma semplicemente che alcune di esse possono servire a conferire maggiore autorevolezza all'interpretazione contestuale e teleologica[20].

Così declinato si comprende chiaramente che il metodo principe delle legislazioni nazionali non può essere conclusivo dell'opera interpretativa europea, né può costituirne il limite, ma assume piuttosto il ruolo di definirne il punto di partenza.

4.2.2 Interpretazione storica

Con tale espressione in genere si intende la ricerca dell'intenzione soggettiva del legislatore esistente al momento della redazione del testo. Nei Paesi di tradizione romanistica il giudice può esaminare, per risalire a questa intenzione, i lavori preparatori della legge ove si descrivano le discussioni tra le parti politiche avvenute prima dell'approvazione della legge e le ragioni dell'adozione di una soluzione normativa piuttosto che un'altra.

---

[19] Sentenza Corte di giustizia, 27 ottobre 1977, C-30/77, cit. p. 14; 7 dicembre 1995, C-449/93, *Rockfon/Specialarbejderforbundet i Danmark, agissant pour Søren Nielsen e a.*, p. 28; 16 febbraio 2006, C-341/01, *Plato Plastik Robert Frank GmbH/Caropack Handelsgesellschaft mbH*, p. 64.

[20] Sentenza Corte di giustizia, 12 novembre 1969, C-29/69, *Erich Stauder/Stadt Ulm – Sozialamt.*

L'interpretazione in questo senso delineata non è mai stata molto usata dalla Corte di giustizia dell'Unione europea. La ragione è facilmente comprensibile: nelle prime fasi dell'integrazione europea i lavori preparatori coincidevano con le negoziazioni poste in essere dagli Stati membri, che ovviamente dovevano rimanere segrete sia per non svelare al mondo le intenzioni dei singoli Stati, sia per far sì che il testo adottato fosse considerato espressione della volontà unanime degli stessi, al fine di celarne eventuali dissensi pena la percezione di un accordo spinto "verso il basso"[21].

Inoltre, come notò Kutscher, allora Presidente della Corte, l'interpretazione del diritto dell'Unione europea non si può basare su documenti che non sono accessibili liberamente al pubblico.

Tuttavia, qualcosa è iniziato a cambiare con la Convenzione europea incaricata di aprire un dibattito sul futuro dell'Europa che vide i suoi lavori preparatori pubblicati online.

Sul punto si è espresso l'avvocato generale Kokott:

> Certo, finora la genesi in particolare non ha svolto alcun ruolo nell'interpretazione del diritto primario perché gran parte dei *travaux préparatoires* dei Trattati istitutivi non era disponibile. Quest'ambito è stato però radicalmente trasformato dalla prassi di insediare convenzioni incaricate di preparare le modifiche ai Trattati e da quella di rendere pubblici i mandati delle

[21] Sentenza della Corte di giustizia, 21 marzo 1955, C-6/54, *Netherlands/High Autority*, p. 103, che è uno dei rari esempi di utilizzo dei lavori preparatori.

> conferenze intergovernative. La maggiore trasparenza nella fase che precede le modifiche ai Trattati apre nuove possibilità per la loro interpretazione. Queste non dovrebbero restare inutilizzate come strumento integrativo allorché, come in questo caso, il significato di una norma continui a essere oscuro dopo che se ne siano considerati la lettera, il contesto e la finalità perseguita.[22]

Ne deriva che quanto più i lavori preparatori sono accessibili pubblicamente, quanto più la Corte ne terrà conto.

Essi oggi vengono utilizzati in tre modi differenti. Come strumenti complementari di interpretazione[23], come mezzi principali di interpretazione[24] o come mezzi di correzione del significato, principalmente per rendere una norma compatibile con il diritto primario[25].

A parte il problema dell'assenza di pubblicazione dei lavori preparatori, una parte della dottrina ha individuato tre argomenti contro l'utilizzo di questo strumento interpretativo per gli atti derivati. In pri-

---

[22] Parere a.g. Kokott, reso il 17 gennaio 2013, C-583/11, *Inuit Tapiriit Kanatami e a./Parlamento europeo e Consiglio dell'Unione europea*, p. 32. Analogamente, nella sentenza del 27 novembre 2012, C-370/12, *Pringle/Governement of Ireland e a.*, p. 135, la Corte fa uso dei documenti su cui si fonda il Trattato di Maastricht.

[23] Sentenza Corte di giustizia, 11 giugno 1998, C-275/96, *Anne Kuusijärvi/Riksförsäkringsverket*; 7 ottobre 2010, C-162/09, *Secretary of State for Work and Pensions/Taous Lassal.*

[24] Sentenza Corte di giustizia, 9 luglio 1997, C-316/95, *Generics BV/Smith Kline & French Laboratories Ltd*; 17 luglio 1997, C-17/96, *Badische Erfrischungs-Getränke GmbH & Co. KG/Land Baden-Württemberg.*

[25] Sentenza Corte di giustizia, 12 novembre 1969, C-29/69, cit..

mo luogo il potere legislativo europeo è condiviso da Commissione, Consiglio e Parlamento europeo e questo renderebbe complicato determinare l'intenzione del legislatore. In ogni caso, la Corte ha costantemente affermato che le dichiarazioni formulate nel corso dei lavori preparatori

> non possono essere prese in considerazione per interpretare una disposizione del diritto derivato quando [...] il contenuto della dichiarazione non trova alcun riscontro nel testo della disposizione di cui trattasi e non ha pertanto portata giuridica[26].

In secondo luogo è stato sostenuto che una tale interpretazione potrebbe produrre una cristallizzazione che escluderebbe l'adattabilità ai cambiamenti sociali, come ad esempio nel caso delle direttive in contrasto con le discriminazioni fondate sul sesso adottate negli anni '70.

In terzo luogo ci si può imbattere in lavori preparatori redatti con scarsa attenzione ai dettagli e scarsa chiarezza.

Detto questo, è chiaro che negli ultimi anni l'attenzione verso i lavori preparatori nell'interpretare gli atti derivati sia aumentata. Ciò in quanto la Corte è stata influenzata dalle tradizioni giuridiche degli Stati membri, dal cambiamento degli atti che la Corte è chiamata a interpretare, sempre più complessi e tecnici, e dall'au-

---

[26] Sentenza della Corte del 26 febbraio 1991, C- 292/89, *The Queen/Immigration Appeal Tribunal*, p. 18; 10 gennaio 2006, C-402/03, *Skov e Bilka*, p. 42; 17 aprile 2008, C-404/06, *Quelle AG/Bundesverband der Verbraucherzentralen und Verbraucherverbände*; 22 ottobre 2008, C-242/08, *Swiss Re Germany Holding GmbH/Finanzamt München für Körperschaften*, p. 62.

mento della quantità e della qualità dei documenti preparatori disponibili e dalla loro reperibilità online.

Infatti, pur non avendo alcun valore autonomo, l'interpretazione storica può assumere un qualche significato come ausilio all'individuazione dell'evoluzione degli obiettivi originari del legislatore.

Si può concludere che i lavori preparatori hanno un ruolo limitato se comparato ai metodi di interpretazione nazionali, ma questo ruolo è lontano dall'essere marginale. Al contrario, sembra che esso diventerà sempre più importante negli anni a venire.

4.2.3. L'interpretazione sistematica

La Corte di giustizia richiede per l'interpretazione che "ogni prescrizione del diritto comunitario sia considerata nel suo insieme e interpretata alla luce del diritto comunitario nel complesso"[27], con lo scopo di evitare contraddizioni interne all'ordinamento giuridico[28]. Infatti, questo metodo di interpretazione si basa sul

[27] Sentenza della Corte di giustizia, 6 ottobre 1982, causa 283/81, *C.I.L.F.I.T/Ministero della Sanità*, pp. 3415-3430.

[28] Esempi ne sono i riferimenti seguenti: "The general scheme of the Treaty as a whole" (Sentenza Corte di giustizia,14 dicembre 1962, cause riunite C-2/62 e C-3/62 *Gingerbread,* p. 425; "Taking account of the fundamental nature, in the scheme of the Treaty, of the principles of freedom of movement and equality of treatment of workers" (Sentenza Corte di giustizia, 12 febbraio 1974, C-152/73, *Sotgiu*, p. 153); "The context of Community law (Sentenza Corte di giustizia, 13 novembre 1964, cause riunite C-90/63 e C-91/63, *Rey Soda*, p. 1279); "The framework of Community law" (Sentenza Corte di giustizia, 15 luglio 1964, C-6/64, cit., p. 585).

presupposto che il legislatore sia un attore razionale e che quindi costruisca un ordinamento giuridico coerente e completo. Ne deriva che si presuppone che l'interprete deve sia garantire l'assenza di conflitti tra lo schema generale e le sue singole parti, sia evitare che vi siano disposizioni ridondanti[29]. In generale il principio da seguire è quello di interpretare una disposizione, nei limiti del possibile, in modo da non rimettere in discussione la sua validità[30], oppure, nel caso di più interpretazioni possibili, scegliere l'interpretazione che ne garantisca l'effettività[31].

Il rispetto dell'unitarietà sistematica, tuttavia, non è facilmente realizzabile in ambito europeo vista l'assenza di un sistema fondante omogeneo sia nell'ordinamento considerato nel suo complesso, sia nei singoli ambiti giuridici.

Ciò non bastasse, a sminuire il ruolo dell'interpretazione sistematica concorre anche la struttura del diritto secondario, in particolare della direttiva. Essa, infatti, è frutto di un accordo politico tra soggetti appartenenti a Stati membri differenti e ha la caratteristica di lasciare gli Stati liberi di scegliere i modi attraverso i quali dare appli-

[29] Sentenza Corte di giustizia, 17 febbraio 2009, C-465/07, *Meki Elgafaji e Noor Elgafaji/Staatssecretaris van Justitie*.

[30] Sentenza Corte di giustizia, 4 ottobre 2001, C-403/99, *Italy/Commissione delle Comunità europee*, p. 37; 22 maggio 2008, C-361/06, *Feinchemie Schwebda GmbH e Bayer CropScience AG/College voor de toelating van bestrijdingsmiddelen*.

[31] Sentenza Corte di giustizia, 22 settembre 1988, C-187/87, *Land de Sarre/Ministre de l'Industrie*; 24 febbraio 2000, C-434/97, *Commissione delle Comunità europee/Repubblica francese*.

cazione alle norme programmatiche ivi previste. Questo fa sì che le norme nazionali derivanti dalle direttive hanno spesso contenuti diversi, aumentando così la probabilità di contrasti e diminuendo la possibilità di realizzare un sistema uniforme e omogeneo in tutta Europa.

Nonostante l'argomento sistematico non abbia una grande forza persuasiva autonoma, anche esso è senz'altro di ausilio all'interpretazione teleologica collegando le finalità di una singola disposizione agli scopi del sistema complessivo in via di sviluppo. Inoltre, esso opera anche come metodo di controllo per l'interpretazione teleologica, poiché i risultati ottenuti attraverso quest'ultimo non possono porsi in palese contraddizione con gli argomenti sistematici, pena il trascurare irrimediabilmente i confini dell'interpretazione teleologica stessa e i limiti orizzontali della separazione dei poteri.

4.2.4 La comparazione

Il metodo comparativo viene utilizzato mettendo a confronto i diversi ordinamenti statali per dare una soluzione più aderente al caso sottoposto al giudice. Questo accade soprattutto quando si deve definire l'ambito applicativo di una norma individuando il contesto di una nozione giuridica. Quanta più convergenza c'è tra gli ordinamenti degli Stati membri nel prediligere una soluzione, quanto più la Corte tenderà a seguire i loro passi.

Quando la convergenza non è totale, ma un particolare approccio è comune alla maggioranza degli Stati membri, la Corte tenderà a seguire tale orientamento maggioritario, adattandolo e sviluppandolo in base al contesto europeo, come ad esempio nel Caso *Berlusconi*, in cui la retroattività della legge penale più favorevole è stata considerata parte delle tradizioni costituzionali comuni agli Stati membri[32].

Per comprendere questo meccanismo conviene procedere con un esempio recente.

Ad esempio, nel caso C.D.[33], alla Corte era stato chiesto di stabilire se la direttiva 92/85 doveva essere interpretata nel senso che una madre committente che avesse avuto un figlio mediante un contratto di maternità surrogata avesse il diritto al congedo di maternità previsto all'articolo 8 di detta direttiva, e ciò, in particolare, nel caso in cui la madre committente, dopo la nascita, effettivamente allattasse, o comunque potesse allattare, il bambino.

Ancora, nel caso Z.[34], la madre committente si confrontava con il diritto al congedo retribuito equivalente a quelli previsti in caso di maternità e/o di adozione. A riguardo l'avvocato generale Wahl osservò, così come l'avvocato generale Kokott nel caso C.D.[35], che

> il panorama del diritto varia nei diversi Stati membri: la maternità surrogata oscilla tra la completa legalità e un regime specifico e l'illegalità o – come nel caso dell'Irlanda – l'assenza di qualsiasi disci-

[32] Sentenza Corte di giustizia, 3 maggio 2005, cause riunite C-387/02, C-301/01 e C-403/02, *Berlusconi e. altri*, p.68.

[33] Sentenza Corte di giustizia, 18 marzo 2014, C-167/12, *C.D./S.T.*

[34] Sentenza Corte di giustizia, 18 marzo 2014, C- 363/12, *Z./A. Government department e The Board of management of a community school.*

[35] Parere avvocato generale Kokott reso il 26 settembre 2013, C-167/12, cit., p. 3.

> plina; esiste, inoltre, una notevole disparità tra gli Stati membri riguardo al regime cui assoggettare i contratti di maternità surrogata e, segnatamente, le relative procedure.[36]

Inoltre entrambi riconoscono la presenza di due scopi della direttiva 92/85, ossia proteggere la donna in un periodo in cui essa è particolarmente vulnerabile, sia prima che dopo il parto, sia la protezione delle particolari relazioni tra donna e bambino[37].

Tuttavia, nonostante le medesime premesse, i due avvocati generali arrivarono a conclusioni differenti.

L'avvocato generale affermò che il particolare rapporto che si sviluppa dopo la nascita tra donna e bambino deve essere considerato come logico corollario della nascita e dell'allattamento. Ne fece derivare che la sua tutela non dovesse essere considerata come un obiettivo autonomo della direttiva e, quindi, si doveva escludere che la direttiva 92/85 tutelasse un diritto al congedo retribuito equivalente al congedo di maternità nell'ipotesi di una madre che avesse avuto il proprio figlio biologico per effetto di un contratto di maternità surrogata.

Kokott invece pose al centro lo scopo di tutela della speciale relazione tra madre e figlio: al fine di assicurare lo sviluppo senza ostacoli di questa relazione, la diretti-

[36] Parere avvocato generale Wahl, reso il 26 settembre 2013, C-363/12, cit., p. 1.

[37] Parere avvocato generale Wahl, reso il 26 settembre 2013, C-363/12, cit., p. 45; parere avvocato generale Kokott reso il 26 settembre 2013, C-167/12, cit., p.45.

va doveva applicarsi anche alla madre committente che si occupava del bambino dopo la sua nascita[38].

La Corte sostanzialmente decise di seguire il parere dell'avvocato generale Wahl, applicando la direttiva solo alle madri lavoratrici in stato di gravidanza che avessero dato alla luce un figlio, sempre specificando che la direttiva prevedeva comunque un livello minimo di tutela che poteva essere esteso alle madri committenti dalle legislazioni degli Stati membri. Ciò in quanto la maternità surrogata, sebbene più comune al momento della decisione di quando fu adottata la direttiva 92/85, non godeva di quel consenso necessario tra le leggi degli Stati membri, molti dei quali non avevano ancora messo da parte la concezione biologica della maternità. Tale mancanza di consenso suggerì quindi ai giudici europei una particolare prudenza nell'interpretare quella norma.

Questo *excursus* dimostra come la Corte può essere chiamata a definire concetti di natura morale, sociale e filosofica, ma nel farlo essa agisce cautamente. Quindi, non cerca di fornire una definizione generale perché ciò potrebbe trasformarsi nell'imporre una uniforme nozione di moralità pubblica a tutti gli Stati membri, cosa che si porrebbe in contrasto con il pluralismo sul quale l'Unione si fonda.

Il metodo della comparazione linguistica e giuridica descritta rinforza la legittimità dell'operato della

[38] Parere avvocato generale Kokott reso il 26 settembre 2013, C-167/12, cit., p. 62.

Corte di giustizia nella sua spinta verso l'integrazione europea.

In primo luogo, infatti, nell'ipotesi in cui la Corte decida di allontanarsi da una soluzione proposta da un ordinamento giuridico particolare dovrà spiegare perché questa soluzione non è appropriata rispetto ai bisogni del diritto dell'Unione o, ancora, dovrà spiegare perché la soluzione proposta da uno Stato membro si adatti meglio alla fattispecie concreta.

Chiaramente, se la soluzione adottata dalla Corte rispecchia quella indicata nel diritto nazionale l'effettività del diritto dell'Unione europea si raggiunge più agevolmente perché le Corti e le autorità nazionali concorderanno con essa e non avranno difficoltà nel seguirla.

In secondo luogo, l'uso del metodo comparativo dà origine a una interazione costruttiva tra gli ordinamenti giuridici degli Stati membri e dell'Unione. Inizialmente il dialogo serve a mettere in luce i vantaggi e gli svantaggi di differenti soluzioni adottate a livello nazionale, mettendo la Corte nella condizione di scegliere l'approccio che sembra più appropriato. Successivamente, se l'approccio scelto non andrà a raggiungere i risultati sperati, le Corti nazionali potranno pur sempre sollecitare la Corte di giustizia a riconsiderare la soluzione adottata.

In terzo luogo, contribuisce alla scoperta dei principi generali del diritto dell'Unione europea e a chiarificare il significato di specifiche disposizioni del diritto dell'Unione. Contribuendo alla creazione di un livello di tutela minimo dei diritti in tutta Europa (realizzando una cornice comune verso "federal common law-making").

Dunque è questo metodo, insieme a quello teleologico, che di fatto opera verso la creazione di uno spazio costituzionale europeo, poiché esso tiene in debito conto le identità nazionali e il mandato costituzionale di promuovere il valore della diversità (art. 4, Trattato sull'Unione europea).

4.2.5 L'interpretazione teleologica.

Con tale espressione si intende una interpretazione che si basa sullo scopo oggettivo della disposizione che il giudice ha davanti. Questo significa che il giudice deve fissare il significato normativo di un testo per regolare una concreta situazione di vita legandolo alla realizzazione degli scopi eurocomunitari, come previsto espressamente nel Preambolo dei Trattati e dal diritto europeo nel suo complesso[39].

I fini a cui l'interpretazione teleologica deve fare riferimento hanno visto un mutamento radicale di contenuto nei decenni con il progredire del livello di integrazione: inizialmente si faceva espresso riferimento all'idea di una unione tra Stati di tipo economico[40], volta alla creazione di un mercato comune.

Infatti, il trattato che istituiva la Comunità economica europea del 25 marzo del 1957 menzionava il progresso economico e sociale, l'unità delle economie,

---

[39] Ad esempio gli artt. 2 e 3 del trattato vigente nel 2001 parlavano di azione-compito.

[40] Ad esempio l'art.2 del Trattato CEE.

l'eliminazione degli ostacoli per una stabilità nell'espansione, l'equilibrio negli scambi e la lealtà nella concorrenza. Questa ampia formulazione favorì l'utilizzo dell'interpretazione teleologica, grazie alla quale si arrivò ben presto a individuare degli "scopi ulteriori" rispetto a quelli di natura economica espressamente citati. Pierre Pescatore, giudice della Corte dal 1967 al 1985, individuò quattro gruppi di decisioni giudiziarie da ricondursi ciascuna a un principio ispiratore proprio grazie all'utilizzo di questa tipologia interpretativa: il principio di uguaglianza, espresso dalle sentenze in tema di libera circolazione delle merci; il principio di solidarietà, che emerge dalla giurisprudenza in tema di libera concorrenza; l'idea di comunità, come riflettono le decisioni che prendono posizione contro le limitazioni al Mercato comune al fine di tutelare interessi nazionali; e il principio di libertà.

Su questo solco si inserì il Trattato di Maastricht del 1992 che confermò l'attaccamento a tali principi e espresse il desiderio di intensificare la solidarietà tra i loro popoli e di rafforzare il funzionamento democratico ed efficiente delle istituzioni.

Oggi invece il Trattato di Lisbona si esprime in maniera più netta verso una interpretazione che non è più solo economica, ma anche politica, sociale e valoriale. Esso parla di *desiderio di completare il processo* avviato dal Trattato di Amsterdam e dal Trattato di Nizza al fine di rafforzare l'efficienza e la *legittimità democratica* dell'Unione, nonché di migliorare la coerenza della sua azione, da realizzare ispirandosi alle eredità culturali, religiose e umanistiche dell'Europa, da cui si sono sviluppati i *valori universali dei diritti inviolabili e inalienabili della persona, della libertà, della democrazia, dell'uguaglianza e dello Stato di diritto*.

Sulla base della necessità di seguire l'evoluzione degli scopi eurocomunitari, l'opera della Corte ha forgiato la sua attività, andando a declinare tre tipi di interpretazione teleologica. In primo luogo vi è l'interpretazione che mira ad assicurare l'effetto utile del diritto dell'Unione (cosiddetta interpretazione funzionale), la quale richiede che le norme vengano interpretate in modo che abbiano una utilità pratica e in modo da sviluppare quanto più possibile il loro contenuto. In secondo luogo vi è l'interpretazione teleologica *strictu sensu*, che si utilizza nell'ipotesi di disposizioni ambigue o incomplete. Da ultimo vi è l'interpretazione teleologica, che si concentra sulle conseguenze che derivano da una scelta interpretativa piuttosto che un'altra (cosiddetta *consequentialist interpretation*).

Nella pratica potrebbe accadere che una disposizione del diritto dell'Unione europea vada a perseguire più di un obiettivo, ognuno con uguale importanza nell'ordinamento giuridico, ma che applicata a un caso concreto comporti delle contraddizioni. O ancora, potrebbero esistere diverse argomentazioni giuridiche plausibili a sostegno di diverse soluzioni.

In questi casi vi sarà la necessità di stabilire (e ristabilire continuamente) quale tra i vari scopi proposti deve essere rafforzato o perseguito in via prioritaria facendo un bilanciamento tra di essi secondo il principio di proporzionalità. Inoltre, bisognerà cercare altri elementi per giungere a una decisione, come argomenti morali, sociali, economici o di preferenza politica. È dunque in questo senso che l'interpretazione diventa un riflesso dell'integrazione: la giurisprudenza reagisce dinamicamente alle controversie che le si sottopongono e si impegna a dare una risposta ai nuovi sviluppi della realtà e lo fa rendendo "accettabili" ed "estendibili" i diritti in discussione a tutti i cittadini, a prescindere dalla loro appartenenza a una tradizione romanistica o di *common law* e a prescindere dalla presenza di un livello minore di tutela dei diritti costituzionali, e non, raggiunto dal loro Paese di appartenenza.

Alcuni vedono in questo tipo di interpretazione un pericolo per la realizzazione del principio della certezza giuridica. In realtà questo metodo è insito nel sistema giuridico europeo, poiché l'elemento evolutivo non deriva solo dai cambiamenti sociali che il diritto è tenuto a considerare, ma deriva dalla struttura stessa del diritto dell'Unione europea nato e concepito fin dalle sue origini come un diritto mobile, funzionale e parziale. È un diritto che viene messo completamente al servizio delle esigenze politiche e sociali. È un diritto pronto a cambiare, nel senso di progredire o regredire, rispetto alle esigenze.

Si ritiene pertanto che, anche in considerazione del multilinguismo legislativo e giudiziale e della diversità nelle tradizioni legali, l'interpretazione teleologica sia diventata una "necessità forte".

Infatti, in un sistema in cui le ambiguità possono derivare dalla discussione politica, la Corte è comunque chiamata a statuire sulle domande giudiziali, e in questi casi deve farlo alla stregua dei principi universali.

Questo è possibile in quanto, anche se la Corte ha una legittimazione diversa rispetto ai processi politici o ai processi democratici, non vuol dire che abbia meno legittimazione. Anzi, spesso l'interpretazione orientata secondo gli scopi (*telos*) pone vincoli più stringenti, in quanto a volte essa può essere più fedele al processo democratico essendo l'unica tipologia di interpretazione che tiene aggiornate le disposizioni legislative, quasi in tempo reale.

In conclusione, l'interpretazione diventa un mezzo dell'uniformazione giuridica, cioè un *mezzo* per realizzare gli scopi della legislazione europea considerati nella loro dimensione evolutiva che si preoccupa di stare al passo con il mutamento sociale sottostante: l'interpretazione teleologica è sia un *ponte* per l'armonizzazione, sia un ponte per l'integrazione.

4.2.6 L'orientamento teleologico del metodo comparativo

L'esistenza di divergenze tra gli ordinamenti giuridici degli Stati membri non esclude automaticamente la considerazione di un principio giuridico riconosciuto solamente da una minoranza degli Stati membri. Ad esempio quando fu riconosciuto il principio di non discriminazione in base all'età, esso era un principio espressamente previsto come costituzionale solo da due Stati membri[41].

[41] Sentenza Corte di giustizia, 22 novembre 2005, C-144/04, *Werner Mangold/Rüdiger Helm*.

Questo è possibile perché utilizzare il metodo comparativo non significa cercare un minimo comune denominatore tra i principi degli Stati membri, ma scegliere delle soluzioni che, sempre con riguardo agli obiettivi dei Trattati, sembrano essere le migliori o le più avanzate[42].

Affinché un principio non generalmente riconosciuto venga adottato dalla Corte, è necessario che esso rifletta una missione che gli autori dei Trattati hanno affidato all'Unione europea oppure rispecchi un *trend* nella protezione dei diritti fondamentali.

Di fatto, la Corte, esaminando la compatibilità tra la legislazione degli Stati membri e il diritto dell'Unione europea, "misura la temperatura" nei sistemi giuridici degli Stati membri al fine di verificare la credibilità e l'*accettabilità* delle sue decisioni per tutta l'Unione europea. Quando però vi è una diversità non superabile, sempre che essa non chiami in causa i principi fondanti dell'Unione, la mancanza di consenso intorno a una soluzione andrà a favorire la ricerca di una decisione che eviti di determinare incomprensioni o resistenze. Ciò al fine di evitare che alcuni Stati si rifiutino di accettarla andando così a minare l'effettività dell'uniforme applicazione del diritto dell'Unione europea[43]. Questo può

---

[42] Parere avvocato generale Lagrange, reso il 4 giugno 1962, C-14/61, *Koninklijke Nederlandsche Hoogovens en Staalfabrieken/Alta Autorità* CECA; parere avvocato generale Saugmandsgaard Øec, reso il 21 marzo 2018, C-5/17, *Commissioners for Her Majesty's Revenue and Customs/DPAS Limited*; parere avvocato generale Maduro, reso il 20 febbraio 2008, cause riunite C-120/06 e C-121/06, *FIAMM e a./Consiglio e Commissione*, pp. 55-56.

[43] Sentenza Corte di giustizia, 8 settembre 2009, C-42/07, *Liga*

far sì che le soluzioni adottate non siano necessariamente le più ambiziose, ma possono avere il vantaggio di essere compatibili con le tradizioni degli Stati membri e non ferire le sensibilità degli stessi, evitando così un eccessivo effetto *spill over*[44].

Ad esempio in tema di giochi d'azzardo, la Corte ha affermato:

> la disciplina dei giochi d'azzardo rientra nei settori in cui sussistono tra gli Stati membri divergenze considerevoli di ordine morale, religioso e culturale. In assenza di armonizzazione comunitaria in materia, spetta a ogni singolo Stato membro valutare, in tali settori, alla luce della propria scala dei valori, le esigenze che la tutela degli interessi di cui trattasi implica. Il solo fatto che uno Stato membro abbia scelto un sistema di protezione differente da quello adottato da un altro non può rilevare ai fini della valutazione della necessità e della proporzionalità delle disposizioni prese in materia. Queste vanno valutate soltanto alla stregua degli obiettivi perseguiti dalle competenti autorità dello Stato membro interessato e del livello di tutela che intendono assicurare.[45]

Portuguesa de Futebol Profissional e Bwin International Ltd/Departamento de Jogos da Santa Casa da Misericórdia de Lisboa, p. 57.

[44] L'effetto *spill over* è quel fenomeno di espansione dei principi europei di natura giurisprudenziale negli ordinamenti nazionali che però, se portato oltre certi limiti, può causare delle reazioni di rifiuto.

[45] Sentenza Corte di giustizia, 8 settembre 2009, C-42/07, *Liga Portuguesa de Futebol Profissional e Bwin International Ltd contro Departamento de Jogos da Santa Casa da Misericórdia de Lisboa*, p. 57-58.

Lo stesso è avvenuto nell'interpretazione della nozione di coniuge.

A riguardo, ben presto si pose la necessità di attribuire al soggetto che esercitava la libera circolazione a scopo lavorativo anche il diritto di farsi accompagnare dai suoi congiunti, pena la creazione di ostacoli indiretti all'esercizio della stessa libertà. In risposta a queste esigenze vennero adottati il regolamento n. 1612/68/CEE sulla libera circolazione dei lavoratori subordinati e la direttiva n. 73/148/CEE sulla libera circolazione dei lavoratori autonomi. Tali norme, preferendo una nozione minima di famiglia vista l'eterogeneità delle situazioni esistenti negli Stati membri, stabilirono che hanno diritto di stabilirsi con il lavoratore cittadino di uno Stato membro occupato sul territorio di un altro Stato membro, qualunque sia la loro cittadinanza: a) il coniuge e i loro discendenti minori di anni 21 o a carico; b) gli ascendenti di tale lavoratore e del suo coniuge che siano a suo carico.

Vi furono, poi, delle spinte verso il riconoscimento dei medesimi diritti in capo alle coppie non unite in matrimonio. La Corte[46], però, non andò ad ampliare la nozione di coniuge, che per la maggioranza degli Stati membri si riferiva a una coppia eterosessuale unita in matrimonio, ma accolse il ricorso riconoscendo le necessità della ricorrente andando a interpretare la nozione di "vantaggio sociale" secondo il quale i lavoratori di un altro Stato membro devono godere degli

[46] Sentenza Corte di giustizia, 17 aprile 1986, C-59/85, *Reed*.

stessi vantaggi sociali e fiscali dei lavoratori dello Stato membro stesso. Quindi, la Corte optò per trattare la possibilità di vivere insieme al proprio partner, in assenza di matrimonio, come un vantaggio sociale piuttosto che trattare un partner non sposato come un partner sposato. Questa soluzione ebbe il vantaggio di rispettare sia la divisione di competenze tra Stati membri e Unione europea, sia il sentire sociale europeo, sia le esigenze della ricorrente, evitando il dannoso effetto *spill-over* che in casi come questo – ossia privi di omogeneità o quanto meno di un trend sociale ben definito – avrebbe potuto portare alla contestazione della sentenza o al suo non riconoscimento in tutti gli Stati membri. In questo modo la Corte, grazie anche alla giurisprudenza successiva, ha aperto la strada al riconoscimento delle coppie di fatto anche per quegli ordinamenti che non lo avevano ancora previsto, con effetti che si riscontrano nelle successive evoluzioni normative nazionali. Infatti, il consolidarsi del principio del riconoscimento degli Status personali e familiari dei cittadini europei ha influito in primis sull'evoluzione dei modelli relativi al reciproco riconoscimento delle unioni civili e poi sul riconoscimento dei diversi modelli di famiglia.

La Corte fu chiamata a interrogarsi anche sulle unioni tra le persone dello stesso sesso, come ad esempio nella sentenza *Grant* del 17 febbraio 1998[47]. La

[47] Sentenza Corte di giustizia, 17 febbraio 1998, C-249/96, *Grant/South-West Trains Ltd*; vedi anche 31 maggio 2001, C-122/99 e C-125/99, *D. e Regno di Svezia/Consiglio.*

Corte ha cercato di capire se le persone che hanno una relazione stabile con un compagno dello stesso sesso si trovino nella stessa situazione delle persone coniugate o di quelle che hanno una relazione stabile fuori del matrimonio con un partner del sesso opposto. Ancora una volta, per risolvere detta questione la Corte ha rivolto la sua attenzione al panorama europeo allora vigente, facendo riferimento non solo all'ordinamento comunitario, ma anche alle singole esperienze degli Stati membri, nonché agli orientamenti allora vigenti nella giurisprudenza della Corte europea dei diritti dell'uomo. Nel far ciò essa ha, quindi, in primo luogo ricordato come, sebbene il Parlamento europeo avesse dichiarato di deplorare qualsiasi discriminazione motivata dalla tendenza sessuale di un individuo, la Comunità non avesse sino a quel momento emanato norme che comportassero un'equiparazione.

In secondo luogo, con riferimento all'ordinamento giuridico degli Stati membri, la Corte ha osservato che, nonostante

> per taluni di essi la comunione di vita tra due persone dello stesso sesso venga equiparata al matrimonio, benché in modo incompleto, nella maggior parte degli Stati membri essa non viene considerata equivalente alle relazioni eterosessuali stabili fuori del matrimonio se non per quanto riguarda un numero limitato di diritti oppure non è oggetto di nessun riconoscimento particolare.

Tali osservazioni condussero la Corte di giustizia a concludere che le relazioni stabili tra due persone dello stesso sesso non potessero essere equiparate alle relazioni tra persone coniugate o alle relazioni stabili fuori del matrimonio tra persone di sesso opposto.

Solo di recente si è avuta una svolta esplicita in tema di unioni omosessuali[48]. Infatti è stato stabilito che la nozione di coniuge, ai sensi delle disposizioni del diritto dell'Unione sulla libertà di soggiorno dei cittadini dell'Unione e dei loro familiari, comprende i coniugi dello stesso sesso. In particolare, anche se gli Stati membri sono liberi di autorizzare o meno il matrimonio omosessuale, essi non possono ostacolare la libertà di soggiorno di un cittadino dell'Unione rifiutando di concedere al suo coniuge dello stesso sesso, cittadino di un Paese non UE, un diritto di soggiorno derivato sul loro territorio. L'obbligo per uno Stato membro di riconoscere, ai soli fini della concessione di un diritto di soggiorno derivato a un cittadino di uno Stato non UE, un matrimonio omosessuale contratto in un altro Stato membro conformemente alla normativa di quest'ultimo non pregiudica l'istituto del matrimonio in tale primo Stato membro. In particolare, tale obbligo non impone a detto Stato membro di prevedere, nella sua normativa nazionale, l'istituto del matrimonio omosessuale. Tuttavia, la differenza di approccio rispetto al passato non può che spiegarsi con il mutamento delle esigenze sociali espresse dalle normative nazionali nel frattempo mutate in favore delle unioni civili omosessuali.

---

[48] Sentenza Corte di giustizia, 5 giugno 2018, C-673/16, *Coman e a.*

Da questa breve descrizione emerge come la Corte ha interpretato gli scopi della norma europea e abbia applicato il metodo comparatistico tenendo conto delle sensibilità degli Stati membri nelle differenti epoche, proprio al fine di legittimare le proprie decisioni in tutto il territorio, ma anche procedendo verso una armonizzazione progressiva.

4.3 Conclusioni

Abbiamo visto come partendo dal dialogo tra i giudici nazionali ed europei in un contesto multiculturale e multilinguistico, attraverso il metodo interpretativo creato dai giudici stessi, la giurisdizione europea ha svolto un ruolo di compensazione e di sintesi della tutela giuridica che rispecchia le tradizioni degli Stati, la società e i suoi bisogni in tutti gli angoli dell'Unione.

In questo sta la grande forza del potere armonizzante della Corte, forza che non è impositiva, ma negoziata dai giuristi di ogni Paese attraverso il processo interpretativo descritto. Attraverso l'interpretazione normativa la Corte arriva a svolgere una funzione non solo giurisdizionale ma quasi-normativa cui si affianca il compito di controllare e garantire l'esecuzione delle norme comunitarie. Ciò giustifica il riconoscimento, già nel 1965, del carattere di "principale fattore di integrazione" e di "motore dell'integrazione". Infatti, la Corte era destinata fin dall'inizio a questo ruolo: un ordinamento giuridico incompleto, basato sull'idea di integrazione progressiva, non poteva intendere il compito di assicurare il "rispetto del diritto" come qualcosa di statico. Piuttosto esso conteneva già, attraverso la sua originaria posizione sistematica, l'elemento dinamico. Ne è derivata una competenza normativa maggiore rispetto a quella di un normale tribunale nazionale (di natura para-costituzionale) che le ha permesso di spiegare concetti ambigui e colmare lacune come se fosse un "legislatore surrogato". Si è sviluppata così una vera e propria attività creativa volta al completamento e al perfezionamento normativo, attraverso quegli scopi progressivamente interpretati come sopra indicato, legati strettamente alle esigenze contingenti manifestate dalla volontà sociale.

Questo è quello che la Corte di giustizia è riuscita a realizzare e a garantire in quasi settanta anni di lavoro. Resta da vedere come essa affronterà le nuove sfide, come la tutela dei dati personali o la messa in pericolo dello stato di diritto a cui stiamo assistendo attualmente. Non ci resta che sperare che il motore non si arresti e che continui ad assicurare questo livello di tutela di diritti un tempo inimmaginabile.

Bibliografia

Adam R., Tizzano A., *Manuale di diritto dell'Unione europea*, II ed., Giappichelli, Torino, 2017.

Baquero Cruz J., *The changing constitutional role of the European Court of Justice*, in *International Journal of legal information*, The International Association of Law Libraries, XXXIV, 2006, 2, p. 223.

Bengoetxea J., *The legal reasoning of the European Court of Justice*, Claredon, Oxford, 1993.

Biavati P., *Diritto processuale dell'Unione europea*, V ed., Giuffrè, Milano, 2015.

Brown N.R., Kennedy T.F., *The Court of Justice of the European Communities*, V ed., London, 2000, p. 234

Calasso F., *Introduzione al diritto comune*, Giuffrè, Milano, 1951

Cartabia M., *Uniti nella diversità: il rapporto tra la Costituzione europea e le Costituzioni nazionali*, in *Il diritto dell'Unione europea*, 2005, p. 583.

Gadamer H.G., *Verità e metodo*, Bompiani, Milano, 1983.

Gorla G., *Unificazione legislativa e unificazione giurisprudenziale. L'esperienza del diritto comune*, in *Foro italiano*, 1977, V, 1.

Gorla G., *Diritto comparato e diritto comune europeo*, Giuffrè, Milano, 1981.

Joussen J., *L'interpretazione (teleologica) del diritto comunitario*, in *Rivista critica del diritto privato*, 2001, p. 535.

Kutscher H., *Methods of Interpretation as seen by a judge at the Court of Justice*, in *Reports of a judicial and academic conference held in Luxemburg on 27-28 september 1976*, p. 1.

Lenaerts K., Gutierréz-fons J.A., *To say what the law of the EU is: methods of interpretation and the European Court of Justice*, EUI Working Press, AEL, Fiesole, 2013/9.

Lenaerts K., *Discovering the law of the EU. The European Court of Justice and the comparative law method*, in *The transformation or reconstitution of Europe*, 2018, Hart Publishing, p. 85.

Maduro M.P., *The European Court of Justice*, in *The Role of international Courts*, C. Baudenbacher, E. Busek (eds.), Stuttgart, 2008, p. 210.

Moccia L., *Comparazione giuridica e diritto europeo*, Milano, Giuffrè, 2005.

Moccia L., *Comparazione giuridica, diritto e giurista europeo: un punto di vista globale*, in *Rivista trimestrale di diritto e procedura civile*, 2011, p. 767.

Monateri P., *La circolazione dei modelli giuridici e le sue conseguenze per l'Unione europea*, in *Modelli giuridici ed economici per le Costituzione europea*, A.M. Petroni (ed.), 2002, p. 87.

Napolitano G., *Altiero Spinelli e L'Europa*, Il Mulino, Bologna, 2007.

Pastore B., *Impegni ermeneutici: il diritto e le tensioni del pluralismo culturale*, in *Ars interpretandi*, 2012, p. 41.

Pescatore P., *Les objectifs de la Communauté Europeénne comme principes d'interprétation dans la jurisprudence de la Cour de Justice*, in *Miscellanea W. J. Ganshof van der Meersch*, II, Basel, 1972, p. 325.

Rasmussen, H., *On law and Policy in the European Court of Justice. A comparative Study in Judicial Policymaking*, Martinus Nijhoff, Dordrecht, 1986.

Ruggeri A., *Una costituzione ed un diritto costituzionale per l'Europa unita*, in *Lineamenti di diritto costituzionale dell'Unione europea*, P. Costanzo, L. Mazzetti, A. Ruggeri (a cura di), Giappichelli, Torino, 2014.

Sabbatucci G., Vidotto V., *Storia contemporanea. Il novecento*, VII ed., Laterza, Roma-Bari, 2012.

Schønberg S., Frick K,, *Finisching, Refining, Polishing: on the use of travaux preparatoires as an Aid to the interpetation of Community legislation*, in *European Law review*, 2003, pp. 28 e 149.

Telò M., *Dallo Stato all'Europa*, Carocci Editore, Roma, 2004.

Tesauro G., *Ancora sul dialogo tra giudice italiano e Corti Europee*, in *Studi in onore di Claudio Rossano*, 2013, Vol. IV, 2397.

Tizzano A., *Ancora sui rapporti tra la Corte costituzionale e la Corte di giustizia dell'Unione europea*, in *Studi in onore di Claudio Rossano*, 2013, p. 2413.

Van Malleghem P., *Reflection on european legal formalism*, in *The transformation or reconstitution of Europe*, 2018, Hart Publishing, p. 212.

Von Hayek F. A., *Legge, legislazione e libertà*, Il Saggiatore, Milano, 1986.

Watson A., *Legal Transplants: an approach to comparative law*, University of Pennsylvania Press, Philadelphia, 1993, p. 13.

Zaccaria G., Viola F., *Diritto e interpretazione. Lineamenti di teoria ermeneutica del diritto*, Laterza, Roma-Bari, 1999.

eXtras

Manifesto di Ventotene

Per un'Europa libera e unita

Altiero Spinelli, Ernesto Rossi, Eugenio Colorni

(*Testo del 22 gennaio 1944*)

IN QUEST'ISOLA
NEL CONFINO IMPOSTO DAL REGIME FASCISTA
I PRIMI FEDERALISTI ITALIANI
EUGENIO COLORNI
ERNESTO ROSSI
ALTIERO SPINELLI
MEDITANDO SULLA TRAGEDIA DELLA GUERRA
SUI DELITTI DEL TOTALITARISMO
SULLA CRISI DELLE SOVRANITÀ NAZIONALI
SCRISSERO NEL 1941 L'APPELLO
CHE ANCORA OGGI PORTA IL LORO NOME
DI MANIFESTO DI VENTOTENE
NELLA FIDUCIA CHE ALTRI CON LORO
TRAENDO DAI COMUNI ERRORI
LO STESSO AMMAESTRAMENTO
INIZIASSERO LA LOTTA
PER UN'EUROPA LIBERA E UNITA

IL MOVIMENTO FEDERALISTA EUROPEO
CHE FECE SUA QUELLA BATTAGLIA
NEL TRENTENNALE DELLA SUA FONDAZIONE
VOLLE QUI POSTA QUESTA LAPIDE
A MEMORIA DELLE SUE ORIGINI
A RICORDO DEI CADUTI DELLA RESISTENZA
A CONFERMA DEI SUOI PROPOSITI
E INCITAMENTO PER L'AVVENIRE

VENTOTENE
3 XI 1973

Fac-simile dell'epigrafe collocata nel 1973 dal Movimento Federalista Europeo a Ventotene per ricordare il luogo, le persone e i motivi del Manifesto europeista.

Per un'Europa libera e unita – Progetto d'un manifesto: è questo il titolo problematico e di auspicio che fin dal luglio 1941 assume quello che oggi si è convenuto chiamare *Il manifesto di Ventotene*, redatto da Altiero Spinelli e Ernesto Rossi, mentre si trovavano entrambi al confino nell'isola di Ventotene. È l'atto di nascita del federalismo democratico, che percorre i filoni più importanti e fecondi dell'antifascismo laico: vi confluiscono motivi che erano stati essenziali nell'azione di Giustizia e libertà, che avevano nutrito la partecipazione italiana alla Guerra di Spagna, in cui si riflettevano antiche vibrazioni repubblicane e socialiste, il tutto rivissuto attraverso un'intuizione nuova, il superamento della sovranità degli Stati e il rifiuto di ogni forma di autarchia nazionale, non solo secondo le cadenze del totalitarismo fascio-nazista ma anche secondo l'interpretazione egocentrica della logica di potenza caratterizzante il ventennio fra le due guerre.

Quasi tutto il testo de *Il manifesto di Ventotene*, terminato nel luglio 1941, era opera di Altiero Spinelli. In un'intervista a Sonia Schmidt, che costituisce l'appendice di un volume prezioso (A. Spinelli, E. Rossi, *Il manifesto di Ventotene*, Editore Guida, Napoli, 1982), lo stesso Spinelli racconterà che *Il manifesto* fu scritto da lui «quasi per intero. A Ernesto Rossi appartiene la prima parte del capitolo: *Compiti del dopoguerra. La riforma dello Stato*». Spinelli precisava che Eugenio Colorni, il futuro prefatore ed editore durante i mesi della lotta clandestina a Roma, non aveva avuto parte nella redazione, anche se aggiungeva che i tre amici inseparabili, Spinelli, Rossi e Colorni avevano partecipato a una specie di esauriente e approfondito dibattito collegiale sulla struttura del manifesto.

Circolato nell'ambito del nascente Partito d'azione, e in taluni settori del fronte antifascista, tra la fine del 1941 e i primi del 1943, non fu neanche pubblicato durante i quarantacinque giorni di Badoglio, proprio quando si costituiva nella casa di Mario Alberto Rollier a Milano, fra il 27 e 28 agosto, il Movimento federalista europeo. La sua prima pubblicazione è del gennaio 1944 a Roma: pubblicazione clandestina, curata da Eugenio Colorni, che poi cadrà vittima, alla fine di maggio, della violenza nazi-fascista, proprio nelle strade della capitale.

La prima edizione comprendeva altri due saggi di Altiero Spinelli e si intitolava *Problemi della federazione europea*, con le sole iniziali di A.S. e E.R.; conferma che lo stesso Colorni non aveva avuto parte diretta nell'elaborazione del testo.

La presente edizione riprende quella del 1944 che, secondo Spinelli, costituisce «il testo autentico e preciso». Prima de *Il manifesto di Ventotene* pubblichiamo anche la toccante prefazione di Eugenio Colorni che allarga il concepimento nell'isola di Ventotene dell'intero progetto all'arco degli anni 1941 e 1942.

Si trattava, secondo la testimonianza dell'antifascista martire, di «un processo di ripensamento di tutti i problemi che avevano costituito il motivo stesso dell'azione compiuta e dell'atteggiamento preso nella lotta». In un certo modo, il federalismo europeo trascendeva le stesse pregiudiziali contingenti della resistenza antinazista per ergersi a momento fondamentale del riscatto della coscienza umana, nella nuova idea del rapporto fra i popoli e gli Stati: un'idea che ha certamente con sé il futuro.

...

Eugenio Colorni (Milano, 1909 – Roma, 1944), dopo gli studi in Filosofia a Milano e un iniziale entusiasmo per il sionismo, aderisce all'antifascismo militante, collaborando con Giustizia e libertà. È arrestato nel 1938 e confinato a Ventotene dove si lega a Spinelli e Rossi. Trasferito a Melfi di Puglia, riesce a fuggire. Vive nella clandestinità e nel 1943 a Milano partecipa alla riunione costitutiva del Movimento Federalista Europeo che si prefigge di diffondere *Il manifesto di Ventotene*. Rientrato a Roma, dopo l'8 settembre, è capo redattore dell'"Avanti!" e organizzatore del centro militare del Partito Socialista di Unità Proletaria. Il 22 gennaio del 1944, pubblica *Il manifesto di Ventotene*. Ferito da una pattuglia della Banda Koch il 28 maggio 1944, muore due giorni dopo all'ospedale San Giovanni di Roma, all'età di 35 anni. I suoi *Scritti*, curati da Norberto Bobbio, sono stati pubblicati da "La Nuova Italia" a Firenze nel 1975.

Ernesto Rossi (Caserta, 1897 – Roma, 1967), volontario nella guerra del 1914-1918, si avvicina al nazionalismo e inizia a scrivere per "Il Popolo d'Italia", diretto da Benito Mussolini. La conoscenza e la frequentazione di Gaetano Salvemini lo spinge verso l'antifascismo, di cui diviene un attivista molto in vista. Condannato a vent'anni di confino dal Tribunale speciale, passa gli ultimi sei a Ventotene dove entra in contatto con Spinelli e Colorni, con i quali elabora *Il manifesto di Ventotene*. Dopo la guerra milita nel Partito d'Azione, diviene sottosegretario alla Ricostruzione nel governo di Ferruccio Parri. Dopo lo scioglimento del Partito d'Azione, nel 1955, è tra i fondatori nel Partito Radicale, nel quale però non assume alcun incarico. Si dedica alla saggistica e al giornalismo, scrivendo su "Il Mondo" di Pannunzio. Raccoglie gli articoli in svariati volumi tra cui *Aria fritta* e *I padroni del vapore*.

Altiero Spinelli (Caserta, 1907 – Roma, 1986), nel 1924 entra nella gioventù comunista per divenirne dirigente di primo piano. Due anni dopo viene mandato al confino e, dopo una breve fuga, condannato a 17 anni di detenzione che trascorre in vari carceri. In stato di detenzione studia filosofia, lingue e storia e, a Civitavecchia, conosce importanti esponenti dell'antifascismo come Leo Valiani e Umberto Terracini. Dopo l'amnistia del 1932, di cui beneficia, viene nuovamente confinato a Ponza e Ventotene, dove scrive con Rossi e Colorni il noto *Il manifesto*. Partecipa all'atto fondativo del Movimento Federalista Europeo di cui, nel dopoguerra, diventa uno degli esponenti più stimati. La sua azione politica è legata alle principali tappe della costruzione dell'Unione europea. Nel 1970 entra a far parte della Commissione esecutiva della CEE. Nel decennio 1976-1986 è deputato europeo e, nel 1984, è chiamato a presiedere la Commissione istituzionale.

. . .

I – La crisi della civiltà moderna

La civiltà moderna ha posto come proprio fondamento il principio della libertà, secondo il quale l'uomo non deve essere un mero strumento altrui, ma un autonomo centro di vita. Con questo codice alla mano si è venuto imbastendo un grandioso processo storico a tutti gli aspetti della vita sociale che non lo rispettino.

1

Si è affermato l'eguale diritto a tutte le nazioni di organizzarsi in Stati indipendenti. Ogni popolo, individuato nelle sue caratteristiche etniche, geografiche, linguistiche e storiche, doveva trovare nell'organismo statale, creato per proprio conto secondo la sua particolare concezione della vita politica, lo strumento per soddisfare nel modo migliore ai suoi bisogni, indipendentemente da ogni intervento estraneo.

L'ideologia dell'indipendenza nazionale è stata un potente lievito di progresso; ha fatto superare i meschini campanilismi in un senso di più vasta solidarietà contro l'oppressione degli stranieri dominatori; ha eliminato molti degli inciampi che ostacolavano la circolazione degli uomini e delle merci; ha fatto estendere, dentro il territorio di ciascun nuovo Stato, alle popolazioni più arretrate, le istituzioni e gli ordinamenti delle popolazioni più civili. Essa portava però in sé i germi del nazionalismo imperialista, che la nostra generazione ha visto ingigantire fino alla formazione degli Stati totalitari e allo scatenarsi delle guerre mondiali.

La nazione non è più ora considerata come lo storico prodotto della convivenza degli uomini, che, pervenuti, grazie a un lungo processo, a una maggiore uniformità di costumi e di aspirazioni, trovano nel loro Stato la forma più efficace per organizzare la vita collettiva entro il quadro di tutta la società umana. È invece divenuta un'entità divina, un organismo che deve pensare solo alla propria esistenza e al proprio sviluppo, senza in alcun modo curarsi del danno che gli altri possono risentire. La sovranità assoluta degli Stati nazionali ha portato alla volontà di dominio sugli altri e considera suo "spazio vitale" territori sempre più vasti che gli permettano di muoversi liberamente e di assicurarsi i mezzi di esistenza senza dipendere da alcuno. Questa volontà di dominio non potrebbe acquietarsi che nell'egemonia dello Stato più forte su tutti gli altri asserviti.

In conseguenza lo Stato, da tutelatore della libertà dei cittadini, si è trasformato in padrone di sudditi, tenuti a servirlo con tutte le facoltà per rendere massima l'efficienza bellica. Anche nei periodi di pace, considerati come soste per la preparazione alle inevitabili guerre successive, la volontà dei ceti militari predomina ormai, in molti Paesi, su quella dei ceti civili, rendendo sempre più difficile il funzionamento di ordinamenti politici liberi; la scuola, la scienza, la produzione, l'organismo amministrativo sono principalmente diretti ad aumentare il potenziale bellico; le madri vengono considerate come fattrici di soldati, e in conseguenza premiate con gli stessi criteri con i quali alle mostre si premiano le bestie prolifiche; i bambini vengono educati fin dalla più tenera età al mestiere delle armi e dell'odio per gli stranieri; le libertà individuali si riducono a nulla, dal momento che tutti sono militarizzati e continuamente chiamati a prestar servizio militare; le guerre a ripetizione costringono ad abbandonare la famiglia, l'impiego, gli averi e a sacrificare la vita stessa per obiettivi di cui nessuno capisce veramente il valore, e in poche giornate distruggono i risultati di decenni di sforzi compiuti per aumentare il benessere collettivo.

Gli Stati totalitari sono quelli che hanno realizzato nel modo più coerente l'unificazione di tutte le forze, attuando il massimo di accentramento e di autarchia, e si sono perciò dimostrati gli organismi più adatti all'odierno ambiente internazionale. Basta che una nazione faccia un passo più avanti verso un più accentuato totalitarismo, perché sia seguita dalle altre nazioni, trascinate nello stesso solco dalla volontà di sopravvivere.

2

Si è affermato l'uguale diritto per i cittadini alla formazione della volontà dello Stato. Questa doveva così risultare la sintesi delle mutevoli esigenze economiche e ideologiche di tutte le categorie sociali liberamente espresse. Tale organizzazione politica ha permesso di correggere, o almeno di attenuare, molte delle più stridenti ingiustizie ereditarie dai regimi passati. Ma la libertà di stampa e di associazione e la progressiva estensione del suffragio rendevano sempre più difficile la difesa dei vecchi privilegi mantenendo il sistema rappresentativo. I nullatenenti a poco a poco imparavano a servirsi di questi strumenti per dare l'assalto ai diritti acquisiti dalle classi abbienti; le imposte speciali sui redditi non guadagnati e sulle successioni, le aliquote progressive sulle maggiori fortune, le esenzioni dei redditi minimi, e dei beni di prima necessità, la gratuità della scuola pubblica, l'aumento delle spese di assistenza e di previdenza sociale, le riforme agrarie, il controllo delle fabbriche minacciavano i ceti privilegiati nelle loro più fortificate cittadelle.

Anche i ceti privilegiati che avevano acconsentito all'uguaglianza dei diritti politici non potevano ammettere che le classi diseredate se ne valessero per cercare di realizzare quell'uguaglianza di fatto che avrebbe dato a tali diritti un contenuto concreto di effettiva libertà. Quando, dopo la fine della Prima guerra mondiale, la minaccia divenne troppo forte, fu naturale che tali ceti applaudissero calorosamente e appoggiassero le instaurazioni delle dittature che toglievano le armi legali di mano ai loro avversari.

D'altra parte la formazione di giganteschi complessi industriali e bancari e di sindacati riunenti sotto un'unica direzione interi eserciti di lavoratori, sindacati e complessi che premevano sul governo per ottenere la politica più rispondente ai loro particolari interessi, minacciava di dissolvere lo Stato stesso in tante baronie economiche in acerba lotta tra loro. Gli ordinamenti democratico-liberali, divenendo lo strumento di cui questi gruppi si valevano per meglio sfruttare l'intera collettività, perdevano sempre più il loro prestigio, e così si diffondeva la convinzione che solamente lo Stato totalitario, abolendo la libertà popolare, potesse in qualche modo risolvere i conflitti di interessi che le istituzioni politiche esistenti non riuscivano più a contenere.

Di fatto poi i regimi totalitari hanno consolidato in complesso la posizione delle varie categorie sociali nei punti volta a volta raggiunti, e hanno precluso, col controllo poliziesco di tutta la vita dei cittadini e con la violenta eliminazione dei dissenzienti, ogni possibilità legale di correzione dello stato di cose vigente. Si è così assicurata l'esistenza del ceto assolutamente parassitario dei proprietari terrieri assenteisti, e dei redditieri che contribuiscono alla produzione sociale solo col tagliare le cedole dei loro titoli, dei ceti monopolistici e delle società a catena che sfruttano i consumatori e fanno volatilizzare i denari dei piccoli risparmiatori, dei plutocrati che, nascosti dietro le quinte, tirano i fili degli uomini politici, per dirigere tutta la macchina dello Stato a proprio esclusivo vantaggio, sotto l'apparenza del perseguimento dei superiori interessi nazionali. Sono conservate le colossali fortune di pochi e la miseria delle grandi masse, escluse dalle possibilità di godere i frutti delle moderna cultura. È salvato, nelle sue linee sostanziali, un regime economico in cui le risorse materiali e le forze di lavoro, che dovrebbero essere rivolte a soddisfare i bisogni fondamentali per lo sviluppo delle energie vitali umane, vengono invece indirizzate alla soddisfazione dei desideri più futili di coloro che sono in grado di pagare i prezzi più alti; un regime economico in cui, col diritto di successione, la potenza del denaro si perpetua nello stesso ceto, trasformandosi in un privilegio senza alcuna corrispondenza al valore sociale dei servizi effettivamente prestati, e il campo delle alternative ai proletari resta così ridotto che per vivere sono costretti a lasciarsi sfruttare da chi offra loro una qualsiasi possibilità d'impiego.

Per tenere immobilizzate e sottomesse le classi operaie, i sindacati sono stati trasformati, da liberi organismi di lotta, diretti da individui che godevano la fiducia degli associati, in organi di sorveglianza poliziesca, sotto la direzione di impiegati scelti dal gruppo governante e a esso solo responsabili. Se qualche correzione viene fatta a un tale regime economico, è sempre solo dettata dalle esigenze del militarismo, che hanno confluito con le reazionarie aspirazioni dei ceti privilegiati nel far sorgere e consolidare gli stati totalitari.

3

Contro il dogmatismo autoritario si è affermato il valore permanente dello spirito critico. Tutto quello che veniva asserito doveva dare ragione di sì o scomparire. Alla metodicità di questo spregiudicato atteggiamento sono dovute le maggiori conquiste della nostra società in ogni campo.

Ma questa libertà spirituale non ha resistito alla crisi che ha fatto sorgere gli Stati totalitari. Nuovi dogmi da accettare per fede o da accettare ipocritamente si stanno accampando in tutte le scienze. Quantunque nessuno sappia che cosa sia una razza e le più elementari nozioni storiche ne facciano risultare l'assurdità, si esige dai fisiologi di credere di mostrare e convincere che si appartiene a una razza eletta, solo perché l'imperialismo ha bisogno di questo mito per esaltare nelle masse l'odio e l'orgoglio. I più evidenti concetti della scienza economica debbono essere considerati anatema per presentare la politica autarchica, gli scambi bilanciati e gli altri ferravecchi del mercantilismo, come straordinarie scoperte dei nostri tempi. A causa dell'interdipendenza economica di tutte le parti del mondo, spazio vitale per ogni popolo che voglia conservare il livello di vita corrispondente alla civiltà moderna è tutto il globo; ma si è creata la pseudo-scienza della geopolitica che vuol dimostrare la consistenza della teoria degli spazi vitali, per dare veste teorica alla volontà di sopraffazione dell'imperialismo. La storia viene falsificata nei suoi dati essenziali, nell'interesse della classe governante. Le biblioteche e le librerie vengono purificate di tutte le opere non considerate ortodosse. Le tenebre dell'oscurantismo di nuovo minacciano di soffocare lo spirito umano.

La stessa etica sociale della libertà e dell'uguaglianza è scalzata. Gli uomini non sono più considerati cittadini liberi, che si valgono dello stato per meglio raggiungere i loro fini collettivi. Sono servitori dello Stato che stabilisce quali debbono essere i loro fini, e come volontà dello Stato viene senz'altro assunta la volontà di coloro che detengono il potere. Gli uomini non sono più soggetti di diritto, ma gerarchicamente disposti, sono tenuti a ubbidire senza discutere alle gerarchie superiori che culminano in un capo debitamente divinizzato. Il regime delle caste rinasce prepotente dalle sue stesse ceneri.

Questa reazionaria civiltà totalitaria, dopo aver trionfato in una serie di Paesi, ha infine trovato nella Germania nazista la potenza che si è ritenuta capace di trarne le ultime conseguenze. Dopo una meticolosa preparazione, approfittando con audacia e senza scrupoli delle rivalità, degli egoismi, della stupidità altrui, trascinando al suo seguito altri Stati vassalli europei – primo fra i quali l'Italia – alleandosi col Giappone che persegue fini identici in Asia, essa si è lanciata nell'opera di sopraffazione.

La sua vittoria significherebbe il definitivo consolidamento del totalitarismo nel mondo. Tutte le sue caratteristiche sarebbero esasperate al massimo, e le forze progressive sarebbero condannate per lungo tempo a una semplice opposizione negativa. La tradizionale arroganza e intransigenza dei ceti militari tedeschi può già darci un'idea di quel che sarebbe il carattere del loro dominio dopo una guerra vittoriosa. I tedeschi vittoriosi potrebbero anche permettersi una lustra di generosità verso gli altri popoli europei, rispettare formalmente i loro territori e le loro istituzioni politiche, per governare così soddisfacendo lo stupido sentimento patriottico che guarda ai colori dei pali di confine e alla nazionalità degli uomini politici che si presentano alla ribalta, invece che al rapporto delle forze e al contenuto effettivo degli organismi dello Stato. Comunque camuffata, la realtà sarebbe sempre la stessa: una rinnovata divisione dell'umanità in Spartiati e Iloti.

Anche una soluzione di compromesso tra le parti ora in lotta significherebbe un ulteriore passo innanzi del totalitarismo, poiché tutti i Paesi che fossero sfuggiti alla stretta della Germania sarebbero costretti ad accettare le sue stesse forme di organizzazione politica, per prepararsi adeguatamente alla ripresa della guerra.

Ma la Germania hitleriana, se ha potuto abbattere uno a uno gli Stati minori, con la sua azione ha costretto forze sempre più potenti a scendere in lizza. La coraggiosa combattività della Gran Bretagna, anche nel momento più critico in cui era rimasta sola a tener testa al nemico, ha fatto sì che i tedeschi siano andati a cozzare contro la strenua resistenza dell'esercito sovietico, e ha dato tempo all'America di avviare la mobilitazione delle sue sterminate forze produttive. E questa lotta contro l'imperialismo tedesco si è strettamente connessa con quella che il popolo cinese va conducendo contro l'imperialismo giapponese.

Immense masse di uomini e di ricchezze sono già schierate contro le potenze totalitarie. Le forze di queste potenze hanno raggiunto il loro culmine e non possono oramai che consumarsi progressivamente. Quelle avverse hanno invece già superato il momento della massima depressione e sono in ascesa. La guerra delle nazioni unite risveglia ogni giorno di più la volontà di liberazione anche nei Paesi che avevano soggiaciuto alla violenza ed erano come smarriti per il colpo ricevuto, e persino risveglia tale volontà nei popoli delle potenze dell'Asse, i quali si accorgono di essere trascinati in una situazione disperata solo per soddisfare la brama di dominio dei loro padroni.

Il lento processo, grazie al quale enormi masse di uomini si lasciavano modellare passivamente dal nuovo regime, vi si adeguavano e contribuivano così a consolidarlo, è arrestato; si è invece iniziato il processo contrario. In questa immensa ondata, che lentamente si solleva, si ritrovano tutte le forze progressiste; e le parti più illuminate delle classi lavoratrici che si erano lasciate distogliere, dal terrore e dalle lusinghe, nella loro aspirazione a una superiore forma di vita; gli elementi più consapevoli dei ceti intellettuali, offesi dalla degradazione cui è sottoposta l'intelligenza; imprenditori, che sentendosi capaci di nuove iniziative, vorrebbero liberarsi dalle bardature burocratiche, e dalle autarchie nazionali, che impacciano ogni loro movimento; tutti coloro, infine, che, per un senso innato di dignità, non sanno piegar la spina dorsale nella umiliazione della servitù.

A tutte queste forze è oggi affidata la salvezza della nostra civiltà.

II – I compiti del dopo guerra: l'unità europea

La sconfitta della Germania non porterebbe automaticamente al riordinamento dell'Europa secondo il nostro ideale di civiltà. Nel breve intenso periodo di crisi generale, in cui gli Stati nazionali giaceranno fracassati al suolo, in cui le masse popolari attenderanno ansiose la parola nuova e saranno materia fusa, ardente, suscettibile di essere colata in forme nuove, capace di accogliere la guida di uomini seriamente internazionalisti, i ceti che più erano privilegiati nei vecchi sistemi nazionali cercheranno subdolamente o con la violenza di smorzare l'ondata dei sentimenti e delle passioni internazionalistiche, e si daranno ostinatamente a ricostruire i vecchi organismi statali. Ed è probabile che i dirigenti inglesi, magari d'accordo con quelli americani, tentino di spingere le cose in questo senso, per riprendere la politica dell'equilibrio delle potenze nell'apparente immediato interesse del loro impero.

Le forze conservatrici, cioè i dirigenti delle istituzioni fondamentali degli Stati nazionali: i quadri superiori delle forze armate, culminanti là, dove ancora esistono, nelle monarchie; quei gruppi del capitalismo monopolista che hanno legato le sorti dei loro profitti a quelle degli stati; i grandi proprietari fondiari e le alte gerarchie ecclesiastiche, che solo da una stabile società conservatrice possono vedere assicurate le loro entrate parassitarie; e al loro seguito tutto l'innumerevole stuolo di coloro che da essi dipendono o che sono anche solo abbagliati dalla loro tradizionale potenza; tutte queste forze reazionarie, già fin da oggi, sentono che l'edificio scricchiola e cercano di salvarsi. Il crollo le priverebbe di colpo di tutte le garanzie che hanno avuto finora e le esporrebbe all'assalto delle forze progressiste.

Ma essi hanno uomini e quadri abili e adusati al comando, che si batteranno accanitamente per conservare la loro supremazia. Nel grave momento sapranno presentarsi ben camuffati. Si proclameranno amanti della pace, della libertà, del benessere generale delle classi più povere. Già nel passato abbiamo visto come si siano insinuati dentro i movimenti popolari, e li abbiano paralizzati, deviati, convertiti nel preciso contrario. Senza dubbio saranno la forza più pericolosa con cui si dovrà fare i conti.

Il punto sul quale essi cercheranno di far leva sarà la restaurazione dello Stato nazionale. Potranno così far presa sul sentimento popolare più diffuso, più offeso dai recenti movimenti, più facilmente adoperabile a scopi reazionari: il sentimento patriottico. In tal modo possono anche sperare di più facilmente confondere le idee degli avversari, dato che per le masse popolari l'unica esperienza politica finora acquisita è quella svolgentesi entro l'ambito nazionale, ed è perciò abbastanza facile convogliare, sia esse che i loro capi più miopi, sul terreno della ricostruzione degli Stati abbattuti dalla bufera.

Se raggiungessero questo scopo, avrebbero vinto. Fossero pure questi Stati in apparenza largamente democratici o socialisti, il ritorno del potere nelle mani dei reazionari sarebbe solo questione di tempo. Risorgerebbero le gelosie nazionali e ciascuno Stato di nuovo riporrebbe la soddisfazione delle proprie esigenze solo nella forza delle armi. Loro compito precipuo tornerebbe a essere, a più o meno breve scadenza, quello di convertire i loro popoli in eserciti. I generali tornerebbero a comandare, i monopolisti ad approfittare delle autarchie, i corpi burocratici a gonfiarsi, i preti a tener docili le masse. Tutte le conquiste del primo momento si raggrinzerebbero in un nulla di fronte alla necessità di prepararsi nuovamente alla guerra.

Il problema che in primo luogo va risolto, e fallendo il quale qualsiasi altro progresso non è che apparenza, è la definitiva abolizione della divisione dell'Europa in Stati nazionali sovrani. Il crollo della maggior parte degli Stati del continente sotto il rullo compressore tedesco ha già accomunato la sorte dei popoli europei, che o tutti insieme soggiaceranno al dominio hitleriano, o tutti insieme entreranno, con la caduta di questo, in una crisi rivoluzionaria in cui non si troveranno irrigiditi e distinti in solide strutture statali.

Gli spiriti sono già ora molto meglio disposti che in passato a una riorganizzazione federale dell'Europa. La dura esperienza ha aperto gli occhi anche a chi non voleva vedere e ha fatto maturare molte circostanze favorevoli al nostro ideale.

Tutti gli uomini ragionevoli riconoscono ormai che non si può mantenere un equilibrio di Stati europei indipendenti con la convivenza della Germania militarista a parità di condizioni con gli altri Paesi, né si può spezzettare la Germania e tenerle il piede sul collo una volta che sia vinta. Alla prova, è apparso evidente che nessun Paese d'Europa può restarsene da parte mentre gli altri si battono, a nulla valendo le dichiarazioni di neutralità e di patti di non aggressione. È ormai dimostrata l'inutilità, anzi la dannosità di organismi, tipo della Società delle Nazioni, che pretendano di garantire un diritto internazionale senza una forza militare capace di imporre le sue decisioni e rispettando la sovranità assoluta degli Stati partecipanti. Assurdo è risultato il principio del non intervento, secondo il quale ogni popolo dovrebbe essere lasciato libero di darsi il governo dispotico che meglio crede, quasi che la costituzione interna di ogni singolo Stato non costituisse un interesse vitale per tutti gli altri Paesi europei.

Insolubili sono diventati i molteplici problemi che avvelenano la vita internazionale del continente: tracciati dei confini a popolazione mista, difesa delle minoranze allogene, sbocco al mare dei Paesi situati nell'interno, questione balcanica, questione irlandese ecc., che troverebbero nella federazione europea la più semplice soluzione, come l'hanno trovata in passato i corrispondenti problemi degli staterelli entrati a far parte delle più vaste unità nazionali, quando hanno perso la loro acredine, trasformandosi in problemi di rapporti fra le diverse provincie.

D'altra parte la fine del senso di sicurezza nella inattaccabilità della Gran Bretagna, che consigliava agli inglesi la *splendid isolation*, la dissoluzione dell'esercito della stessa repubblica francese, al primo serio urto delle forze tedesche – risultato che è da sperare abbia di molto smorzata la presunzione sciovinista della superiorità gallica – e specialmente la coscienza della gravità del pericolo corso di generale asservimento, sono tutte circostanze che favoriranno la costituzione di un regime federale che ponga fine all'attuale anarchia. E il fatto che l'Inghilterra abbia accettato il principio dell'indipendenza indiana, e la Francia abbia potenzialmente perduto col riconoscimento della sconfitta tutto il suo impero, rendono più agevole trovare anche una base di accordo per una sistemazione europea dei problemi coloniali.

A tutto ciò va infine aggiunta la scomparsa di alcune delle principali dinastie e la fragilità delle basi di quelle che sostengono le dinastie superstiti. Va tenuto conto, infatti, che le dinastie, considerando i diversi Paesi come tradizionale appannaggio proprio, rappresentavano, con i poderosi interessi di cui erano l'appoggio, un serio ostacolo alla organizzazione razionale degli Stati Uniti d'Europa, la quale non può poggiare che sulle costituzioni repubblicane di tutti i Paesi federati.

E quando, superando l'orizzonte del vecchio continente, si abbracci in una visione d'insieme tutti i popoli che costituiscono l'umanità, bisogna pur riconoscere che la federazione europea è l'unica garanzia concepibile che i rapporti con i popoli asiatici e americani possano svolgersi su una base di pacifica cooperazione, in attesa di un più lontano avvenire, in cui diventi possibile l'unità politica dell'intero globo.

La linea di divisione fra i partiti progressisti e partiti reazionari cade perciò ormai, non lungo la linea formale della maggiore o minore democrazia, del maggiore o minore socialismo da istituire, ma lungo la sostanziale nuovissima linea che separa coloro che concepiscono come campo centrale della lotta quello antico, cioè la conquista e le forme del potere politico nazionale, e che faranno, sia pure involontariamente, il gioco delle forze reazionarie, lasciando che la lava incandescente delle passioni popolari torni a solidificarsi nel vecchio stampo e che risorgano le vecchie assurdità, e quelli che vedranno come compito centrale la creazione di un solido Stato internazionale, che indirizzeranno verso questo scopo le forze popolari e, anche conquistato il potere nazionale, lo adopereranno in primissima linea come strumento per realizzare l'unità internazionale.

Con la propaganda e con l'azione, cercando di stabilire in tutti i modi accordi e legami tra i movimenti simili che nei vari Paesi si vanno certamente formando, occorre fin d'ora gettare le fondamenta di un movimento che sappia mobilitare tutte le forze per far sorgere il nuovo organismo, che sarà la creazione più grandiosa e più innovatrice sorta da secoli in Europa; per costituire un largo Stato federale, il quale disponga di una forza armata europea al posto degli eserciti nazionali, spazzi decisamente le autarchie economiche, spina dorsale dei regimi totalitari, abbia gli organi e i mezzi sufficienti per fare eseguire nei singoli Stati federali le sue deliberazioni, dirette a mantenere un ordine comune, pur lasciando agli Stati stessi l'autonomia che consente una plastica articolazione e lo sviluppo della vita politica secondo le peculiari caratteristiche dei vari popoli.

Se ci sarà nei principali Paesi europei un numero sufficiente di uomini che comprenderanno ciò, la vittoria sarà in breve nelle loro mani, perché la situazione e gli animi saranno favorevoli alla loro opera e di fronte avranno partiti e tendenze già tutti squalificati dalla disastrosa esperienza dell'ultimo ventennio. Poiché sarà l'ora di opere nuove, sarà anche l'ora di uomini nuovi, del movimento per l'Europa libera e unita!

III – I compiti del dopoguerra: la riforma della società

Un'Europa libera e unita è premessa necessaria del potenziamento della civiltà moderna, di cui l'era totalitaria rappresenta un arresto. La fine di questa era sarà riprendere immediatamente in pieno il processo storico contro la disuguaglianza e i privilegi sociali. Tutte le vecchie istituzioni conservatrici che ne impedivano l'attuazione saranno crollanti o crollate, e questa loro crisi dovrà essere sfruttata con coraggio e decisione. La rivoluzione europea, per rispondere alle nostre esigenze, dovrà essere socialista, cioè dovrà proporsi l'emancipazione delle classi lavoratrici e la creazione per esse di condizioni più umane di vita.

La bussola di orientamento per i provvedimenti da prendere in tale direzione non può essere però il principio puramente dottrinario secondo il quale la proprietà privata dei mezzi materiali di produzione deve essere in linea di principio abolita, e tollerata solo in linea provvisoria, quando non se ne possa proprio fare a meno. La statalizzazione generale dell'economia è stata la prima forma utopistica in cui le classi operaie si sono rappresentate la loro liberazione dal giogo capitalista, ma, una volta realizzata a pieno, non porta allo scopo sognato, bensì alla costituzione di un regime in cui tutta la popolazione è asservita alla ristretta classe dei burocrati gestori dell'economia, come è avvenuto in Russia.

Il principio veramente fondamentale del socialismo, e di cui quello della collettivizzazione generale non è stato che un'affrettata ed erronea deduzione, è quello secondo il quale le forze economiche non debbono dominare gli uomini, ma – come avviene per forze naturali – essere da loro sottomesse, guidate, controllate nel modo più razionale, affinché le grandi masse non ne siano vittime. Le gigantesche forze di progresso, che scaturiscono dall'interesse individuale, non vanno spente nella morta gora della pratica *routinière* per trovarsi poi di fronte all'insolubile problema di resuscitare lo spirito d'iniziativa con le differenziazioni dei salari, e con gli altri provvedimenti del genere dello stachanovismo dell'URSS, col solo risultato di uno sgobbamento più diligente. Quelle forze vanno invece esaltate ed estese offrendo loro una maggiore possibilità di sviluppo e impiego, e contemporaneamente vanno perfezionati e consolidati gli argini che le convogliano verso gli obiettivi di maggiore utilità per tutta la collettività.

La proprietà privata deve essere abolita, limitata, corretta, estesa, caso per caso, non dogmaticamente in linea di principio.

Questa direttiva si inserisce naturalmente nel processo di formazione di una vita economica europea liberata dagli incubi del militarismo e del burocraticismo nazionali. In essa possono trovare la loro liberazione tanto i lavoratori dei Paesi capitalistici oppressi dal dominio dei ceti padronali, quanto i lavoratori dei Paesi comunisti oppressi dalla tirannide burocratica. La soluzione razionale deve prendere il posto di quella irrazionale anche nella coscienza dei lavoratori.

Volendo indicare in modo più particolareggiato il contenuto di questa direttiva, e avvertendo che la convenienza e le modalità di ogni punto programmatico dovranno essere sempre giudicate in rapporto al presupposto oramai indispensabile dell'unità europea, mettiamo in rilievo i seguenti punti.

a) Non si possono più lasciare ai privati le imprese che, svolgendo un'attività necessariamente monopolistica, sono in condizioni di sfruttare la massa dei consumatori (p.e. le industrie elettriche); le imprese che si vogliono mantenere in vita per ragioni di interesse collettivo, ma che per reggersi hanno bisogno di dazi protettivi, sussidi, ordinazioni di favore ecc. (l'esempio più notevole di questo tipo di industrie sono in Italia ora le industrie siderurgiche); e le imprese che per la grandezza dei capitali investiti e il numero degli operai occupati, o per l'importanza del settore che dominano, possono ricattare gli organi dello Stato imponendo la politica per loro più vantaggiosa (p.e. industrie minerarie, grandi istituti bancari, industrie degli armamenti). È questo il campo in cui si dovrà procedere senz'altro a nazionalizzazioni su scala vastissima, senza alcun riguardo per i diritti acquisiti.
b) Le caratteristiche che hanno avuto in passato il diritto di proprietà e il diritto di successione hanno permesso di accumulare nelle mani di pochi privilegiati ricchezze che converrà distribuire, durante una crisi rivoluzionaria in senso egualitario, per eliminare i ceti parassitari e per dare ai lavoratori gli strumenti di produzione di cui abbisognano, onde migliorare le condizioni economiche e far loro raggiungere una maggiore indipendenza di vita. Pensiamo cioè a una riforma agraria che, passando la terra a chi coltiva, aumenti enormemente il numero dei proprietari, e a una riforma industriale che estenda la proprietà dei lavoratori, nei settori non statizzati, con le gestioni cooperative, l'azionariato operaio ecc.

c) I giovani vanno assistiti con le provvidenze necessarie per ridurre al minimo le distanze fra le posizioni di partenza nella lotta per la vita. In particolare la scuola pubblica dovrà dare la possibilità effettiva di perseguire gli studi fino ai gradi superiori ai più idonei, invece che ai più ricchi; e dovrà preparare, in ogni branca di studi per l'avviamento ai diversi mestieri e alle diverse attività liberali e scientifiche, un numero di individui corrispondente alla domanda del mercato, in modo che le rimunerazioni medie risultino poi pressappoco eguali, per tutte le categorie professionali, qualunque possano essere le divergenze tra le rimunerazioni nell'interno di ciascuna categoria, a seconda delle diverse capacità individuali.
d) La potenzialità quasi senza limiti della produzione in massa dei generi di prima necessità con la tecnica moderna permette ormai di assicurare a tutti, con un costo sociale relativamente piccolo, il vitto, l'alloggio e il vestiario col minimo di conforto necessario per conservare la dignità umana. La solidarietà sociale verso coloro che riescono soccombenti nella lotta economica dovrà perciò manifestarsi non con le forme caritative, sempre avvilenti, e produttrici degli stessi mali alle cui conseguenze cercano di riparare, ma con una serie di provvidenze che garantiscano incondizionatamente a tutti, possano o non possano lavorare, un tenore di vita decente, senza ridurre lo stimolo al lavoro e al risparmio. Così nessuno sarà più costretto dalla miseria ad accettare contratti di lavoro iugulatori.
e) La liberazione delle classi lavoratrici può aver luogo solo realizzando le condizioni accennate nei punti precedenti: non lasciandole ricadere nella politica economica dei sindacati monopolistici, che trasportano semplicemente nel campo operaio i metodi sopraffattori caratteristici specialmente del grande capitale. I lavoratori debbono tornare a essere liberi di scegliere i fiduciari per trattare

collettivamente le condizioni a cui intendono prestare la loro opera, e lo Stato dovrà dare i mezzi giuridici per garantire l'osservanza dei patti conclusivi; ma tutte le tendenze monopolistiche potranno essere efficacemente combattute, una volta che saranno realizzate quelle trasformazioni sociali.

Questi sono i cambiamenti necessari per creare, intorno al nuovo ordine, un larghissimo strato di cittadini interessati al suo mantenimento e per dare alla vita politica una consolidata impronta di libertà, impregnata di un forte senso di solidarietà sociale. Su queste basi le libertà politiche potranno veramente avere un contenuto concreto e non solo formale per tutti, in quanto la massa dei cittadini avrà un'indipendenza e una conoscenza sufficiente per esercitare un efficace e continuo controllo sulla classe governante.

Sugli istituti costituzionali sarebbe superfluo soffermarci, poiché, non potendosi prevedere le condizioni in cui dovranno sorgere e operare, non faremmo che ripetere quello che tutti già sanno sulla necessità di organi rappresentativi per la formazione delle leggi, dell'indipendenza della magistratura – che prenderà il posto dell'attuale – per l'applicazione imparziale delle leggi emanate, della libertà di stampa e di associazione, per illuminare l'opinione pubblica e dare a tutti i cittadini la possibilità di partecipare effettivamente alla vita dello Stato. Su due sole questioni è necessario precisare meglio le idee, per la loro particolare importanza in questo momento nel nostro Paese, sui rapporti dello Stato con la Chiesa e sul carattere della rappresentanza politica.

1) La Chiesa cattolica continua inflessibilmente a considerarsi unica società perfetta, a cui lo Stato dovrebbe sottomettersi, fornendole le armi temporali per imporre il rispetto della sua ortodossia. Si presenta come naturale alleata di tutti i regimi reazionari, dei quali cerca di approfittare per

ottenere esenzioni e privilegi, per ricostruire il suo patrimonio, per stendere di nuovo i suoi tentacoli sulla scuola e sull'ordinamento della famiglia. Il concordato con cui in Italia il Vaticano ha concluso l'alleanza col fascismo andrà senz'altro abolito, per affermare il carattere puramente laico dello Stato, e per fissare in modo inequivocabile la supremazia dello Stato sulla vita civile. Tutte le credenze religiose dovranno essere ugualmente rispettate, ma lo Stato non dovrà più avere un bilancio dei culti, e dovrà riprendere la sua opera educatrice per lo sviluppo dello spirito critico.

2) La baracca di cartapesta che il fascismo ha costruito con l'ordinamento corporativo cadrà in frantumi, insieme alle altre parti dello Stato totalitario. C'è chi ritiene che da questi rottami si potrà domani trarre il materiale per il nuovo ordine costituzionale. Noi non lo crediamo. Nello Stato totalitario le Camere corporative sono la beffa, che corona il controllo poliziesco sui lavoratori. Se anche però le Camere corporative fossero la sincera espressione delle diverse categorie dei produttori, gli organi di rappresentanza delle diverse categorie professionali non potrebbero mai essere qualificati per trattare questioni di politica generale, e nelle questioni più propriamente economiche diverrebbero organi di sopraffazione delle categorie sindacalmente più potenti.

Ai sindacati spetteranno ampie funzioni di collaborazione con gli organi statali, incaricati di risolvere i problemi che più direttamente li riguardano, ma è senz'altro da escludere che a essi vada affidata alcuna funzione legislativa, poiché risulterebbe un'anarchia feudale nella vita economica, concludentesi in un rinnovato dispotismo politico. Molti che si sono lasciati prendere ingenuamente dal mito del corporativismo potranno e dovranno essere attratti all'opera di rinnovamento, ma occorrerà che si rendano conto di quanto assurda sia la soluzione da loro confusamente sognata. Il corporativismo non può avere vita concreta che nella forma assunta dagli Stati totalitari, per irreggimentare i lavoratori sotto funzionari che ne controllano ogni mossa nell'interesse della classe governante.

IV – La situazione rivoluzionaria: vecchie e nuove correnti

La caduta dei regimi totalitari significherà per interi popoli l'avvento della "libertà", sarà scomparso ogni freno e automaticamente regneranno amplissime libertà di parola e di associazione.

Sarà il trionfo delle tendenze democratiche. Esse hanno innumerevoli sfumature che vanno da un liberalismo molto conservatore, fino al socialismo e all'anarchia. Credono nella "generazione spontanea" degli avvenimenti e delle istituzioni, nella bontà assoluta degli impulsi che vengono dal basso. Non vogliono forzare la mano alla "storia" al "popolo" al "proletariato" o come altro chiamano il loro dio. Auspicano la fine delle dittature immaginandola come la restituzione al popolo degli imprescrittibili diritti di autodeterminazione. Il coronamento dei loro sogni è un'assemblea costituente eletta col più esteso suffragio e col più scrupoloso rispetto degli elettori, la quale decida che costituzione il popolo debba darsi. Se il popolo è immaturo se ne darà una cattiva, ma correggerla si potrà solo mediante una costante opera di convinzione.

I democratici non rifuggono per principio dalla violenza, ma la vogliono adoperare solo quando la maggioranza sia convinta della sua indispensabilità, cioè propriamente quando non è più altro che un pressoché superfluo puntino da mettere sulla "i". Sono perciò dirigenti adatti solo nelle epoche di ordinaria amministrazione, in cui un popolo è nel suo complesso convinto della bontà delle istituzioni fondamentali, che debbono essere ritoccate solo in aspetti relativamente secondari. Nelle epoche rivoluzionarie, in cui le istituzioni non debbono già essere amministrate, ma create, la prassi democratica fallisce clamorosamente. La pietosa impotenza dei democratici nelle rivoluzioni russa, tedesca, spagnola, sono tre dei più recenti esempi.

In tali situazioni, caduto il vecchio apparato statale, con le sue leggi e la sua amministrazione, pullulano immediatamente, con sembianza di vecchia legalità o sprezzandola, una quantità di assemblee e rappresentanze popolari in cui convergono e si agitano tutte le forze sociali progressiste. Il popolo ha sì alcuni bisogni fondamentali da soddisfare, ma non sa con precisione cosa volere e cosa fare. Mille campane suonano alle sue orecchie, con i suoi milioni di teste non riesce a raccapezzarsi, e si disgrega in una quantità di tendenze in lotta tra loro.

Nel momento in cui occorre la massima decisione e audacia, i democratici si sentono smarrirti non avendo dietro uno spontaneo consenso popolare, ma solo un torbido tumultuare di passioni; pensano che loro dovere sia di formare quel consenso, e si presentano come predicatori esortanti, laddove occorrono capi che guidino sapendo dove arrivare; perdono le occasioni favorevoli al consolidamento del nuovo regime, cercando di far funzionare subito organi che presuppongono una lunga preparazione e sono adatti ai periodi di relativa tranquillità; danno ai loro avversari armi di cui quelli poi si valgono per rovesciarli; rappresentano insomma, nelle loro mille tendenze, non già la volontà di rinnovamento, ma le confuse volontà regnanti in tutte le menti, che, paralizzandosi a vicenda, preparano il terreno propizio allo sviluppo della reazione. La metodologia politica democratica sarà un peso morto nella crisi rivoluzionaria.

Man mano che i democratici logorassero nelle loro logomachie la loro prima popolarità di assertori della libertà, mancando ogni seria rivoluzione politica e sociale, si andrebbero immancabilmente ricostituendo le istituzioni politiche pretotalitarie, e la lotta tornerebbe a svilupparsi secondo i vecchi schemi della contrapposizione delle classi.

Il principio secondo il quale la lotta di classe è il termine cui van ridotti tutti i problemi politici ha costituito la direttiva fondamentale, specialmente degli operai delle fabbriche, e ha giovato a dare consistenza alla loro politica, finché non erano in questione le istituzioni fondamentali della società. Ma si converte in uno strumento di isolamento del proletariato, quando si imponga la necessità di trasformare l'intera organizzazione della società. Gli operai educati classisticamente non sanno allora vedere che le loro particolari rivendicazioni di classe, o di categoria, senza curarsi di come connetterle con gli interessi degli altri ceti, oppure aspirano all'unilaterale dittatura delle loro classe, per realizzare l'utopistica collettivizzazione di tutti gli strumenti materiali di produzione, indicata da una propaganda secolare come il rimedio sovrano di tutti i loro mali. Questa politica non riesce a far presa su nessun altro strato fuorché sugli operai, i quali così privano le altre forze progressive del loro sostegno, e le lasciano cadere in balia della reazione, che abilmente le organizza per spezzare le reni allo stesso movimento proletario.

Delle varie tendenze proletarie, seguaci della politica classista e dell'ideale collettivista, i comunisti hanno riconosciuto la difficoltà di ottenere un seguito di forze sufficienti per vincere, e perciò si sono – a differenza degli altri partiti popolari – trasformati in un movimento rigidamente disciplinato, che sfrutta quel che residua del mito russo per organizzare gli operai, ma non prende leggi da essi, e li utilizza nelle più disparate manovre.

Questo atteggiamento rende i comunisti, nelle crisi rivoluzionarie, più efficienti dei democratici; ma tenendo essi distinte quanto più possono le classi operaie dalle altre forze rivoluzionarie – col predicare che la loro "vera" rivoluzione è ancora da venire – costituiscono nei momenti decisivi un elemento settario che indebolisce il tutto. Inoltre la loro assidua dipendenza allo Stato russo, che li ha ripetutamente adoperati senza scrupoli per il perseguimento della sua politica nazionale, impedisce loro di perseguire una politica con un minimo di continuità. Hanno sempre bisogno di nascondersi dietro un Karoly, un Blum, un Negrin, per andare poi fatalmente in rovina dietro i fantocci democratici adoperati, poiché il potere si consegue e si mantiene non semplicemente con la furberia, ma con la capacità di rispondere in modo organico e vitale alle necessità della società moderna. La loro scarsa consistenza si palesa invece senza possibilità di equivoci quando, venendo a mancare il camuffamento, fanno regolarmente mostra di un puro verbalismo estremista.

Se la lotta restasse domani ristretta nel tradizionale campo nazionale, sarebbe molto difficile sfuggire alle vecchie aporie. Gli Stati nazionali hanno infatti già così profondamente pianificato le proprie rispettive economie che la questione centrale diverrebbe ben presto quella di sapere quale gruppo di interessi economici, cioè quale classe, dovrebbe detenere le leve di comando del piano. Il fronte delle forze progressiste sarebbe facilmente frantumato nella rissa tra classi e categorie economiche. Con le maggiori probabilità i reazionari sarebbero coloro che ne trarrebbero profitto. Ma anche i comunisti, nonostante le loro deficienze, potrebbero avere il loro quarto d'ora, convogliare le masse stanche, deluse, assumere il potere e adoperarlo per realizzare, come in Russia, il dispotismo burocratico su tutta la vita economica, politica e spirituale del Paese.

Una situazione dove i comunisti contassero come forza politica dominante significherebbe non uno sviluppo non in senso rivoluzionario, ma già il fallimento del rinnovamento europeo.

Larghissime masse restano ancora influenzate o influenzabili dalle vecchie tendenze democratiche e comuniste, perché non scorgono nessuna prospettiva di metodi e di obiettivi nuovi. Tali tendenze sono però formazioni politiche del passato; da tutti gli sviluppi storici recenti nulla hanno appreso, nulla dimenticato; incanalano le forze progressiste lungo strade che non possono serbare che delusioni e sconfitte; di fronte alle esigenze più profonde del domani costituiscono un ostacolo e debbono o radicalmente modificarsi o sparire.

Un vero movimento rivoluzionario dovrà sorgere da coloro che hanno saputo criticare le vecchie impostazioni politiche; dovrà sapere collaborare con le forze democratiche, con quelle comuniste, e in genere con quanti cooperano alla disgregazione del totalitarismo, ma senza lasciarsi irretire dalla loro prassi politica.

Il partito rivoluzionario non può essere dilettantescamente improvvisato nel momento decisivo, ma deve sin da ora cominciare a formarsi almeno nel suo atteggiamento politico centrale, nei suoi quadri generali e nelle prime direttive d'azione. Esso non deve rappresentare una coalizione eterogenea di tendenze, riunite solo transitoriamente e negativamente, cioè per il loro passato antifascista e nella semplice attesa del disgregamento del totalitarismo, pronte a disperdersi ciascuna per la sua strada una volta raggiunta quella caduta. Il partito rivoluzionario deve sapere invece che solo allora comincerà veramente la sua opera e deve perciò essere costituito di uomini che si trovino d'accordo sui principali problemi del futuro. Deve penetrare con la sua propaganda metodica ovunque ci siano degli oppressi dell'attuale regime, e, prendendo come punto di partenza quello volta volta sentito come il più doloroso dalle singole persone e classi, mostrare come esso si connetta con altri problemi e quale possa esserne la vera soluzione. Ma dalla schiera sempre crescente dei suoi simpatizzanti deve attingere e reclutare nell'organizzazione del partito solo coloro che abbiano fatto della rivoluzione europea lo scopo principale della loro vita, che disciplinatamente realizzino giorno per giorno il lavoro necessario, provvedano oculatamente alla sicurezza, continuità ed efficacia di esso, anche nella situazione di più dura illegalità, e costituiscano così la solida rete che dia consistenza alla più labile sfera dei simpatizzanti.

Pur non trascurando nessuna occasione e nessun campo per seminare la sua parola, esso deve rivolgere la sua operosità in primissimo luogo a quegli ambienti che sono i più importanti come centri di diffusione di idee e come centri di reclutamento di uomini combattivi; anzitutto verso i due gruppi sociali più sensibili nella situazione odierna, e decisivi in quella di domani, vale a dire la classe operaia e i ceti intellettuali. La prima è quella che meno si è sottomessa alla ferula totalitaria, che sarà la più pronta a riorganizzare le proprie file. Gli intellettuali, particolarmente i più giovani, sono quelli che si sentono spiritualmente soffocare e disgustare dal regnante dispotismo. Man mano altri ceti saranno inevitabilmente attratti nel movimento generale.

Qualsiasi movimento che fallisca nel compito di alleanza di queste forze è condannato alla sterilità, poiché, se è movimento di soli intellettuali, sarà privo di quella forza di massa necessaria per travolgere le resistenze reazionarie, sarà diffidente e diffidato rispetto alla classe operaia; e anche se animato da sentimenti democratici, sarà proclive a scivolare, di fronte alle difficoltà, sul terreno della reazione di tutte le altre classi contro gli operai, cioè verso una restaurazione. Se poggerà solo sulla classe operaia sarà privo di quella chiarezza di pensiero che non può venire che dagli intellettuali, e che è necessaria per ben distinguere i nuovi compiti e le nuove vie: rimarrà prigioniero del vecchio classismo, vedrà nemici dappertutto, e sdrucciolerà sulla dottrinaria soluzione comunista.

Durante la crisi rivoluzionaria spetta a questo partito organizzare e dirigere le forze progressiste, utilizzando tutti quegli organi popolari che si formano spontaneamente come crogioli ardenti in cui vanno a mischiarsi le forze rivoluzionarie, non per emettere plebisciti, ma in attesa di essere guidate.

Esso attinge la visione e la sicurezza di quel che va fatto, non da una preventiva consacrazione da parte dell'ancora inesistente volontà popolare, ma nella sua coscienza di rappresentare le esigenze profonde della società moderna. Dà in tal modo le prime direttive del nuovo ordine, la prima disciplina sociale alle nuove masse. Attraverso questa dittatura del partito rivoluzionario si forma il nuovo Stato e attorno a esso la nuova democrazia.

Non è da temere che un tale regime rivoluzionario debba necessariamente sbocciare in un nuovo dispotismo. Vi sbocca se è venuto modellando un tipo di società servile. Ma se il partito rivoluzionario andrà creando con polso fermo fin dai primissimi passi le condizioni per una vita libera, in cui tutti i cittadini possano veramente partecipare alla vita dello Stato, la sua evoluzione sarà, anche se attraverso eventuali secondarie crisi politiche, nel senso di una progressiva comprensione e accettazione da parte di tutti del nuovo ordine, e perciò nel senso di una crescente possibilità di funzionamento di istituzioni politiche libere.

Oggi è il momento in cui bisogna saper gettare via vecchi fardelli divenuti ingombranti, tenersi pronti al nuovo che sopraggiunge così diverso da tutto quello che si era immaginato, scartare gli inetti fra i vecchi e suscitare nuove energie tra i giovani. Oggi si cercano e si incontrano, cominciando a tessere la trama del futuro, coloro che hanno scorto i motivi dell'attuale crisi della civiltà europea, e che perciò raccolgono l'eredità di tutti i movimenti di elevazione dell'umanità, naufragati per incomprensione del fine da raggiungere o dei mezzi come raggiungerlo.

La via da percorrere non è facile né sicura, ma deve essere percorsa e lo sarà.

...

Tratto da: *Per l'unità europea: dalla «Giovine Europa» al Manifesto di Ventotene*, a cura di G. Spadolini, Le Monnier, Firenze, 1984, pp. 100-118.

Dichiarazione Schuman
9 maggio 1950

La dichiarazione Schuman non è altro che il discorso tenuto al Quai d'Orsay di Parigi il 9 maggio 1950 da Robert Schuman, ministro degli esteri francese, su ispirazione di Jean Monnet, uno dei padri fondatori dell'Unione europea. Il discorso di Schuman è comunemente considerato il punto di partenza del processo d'integrazione europea. In effetti si tratta del primo discorso politico ufficiale del secondo dopoguerra in cui appare il concetto di Europa intesa come unione economica – e politica – tra le nazioni europee. Concretamente proponeva di mettere in comune la produzione di acciaio e carbone di Francia e Germania sotto un'Alta Autorità. Lo scopo politico-ideale era in realtà quello, attraverso questa unione prima economica e poi istituzionale, di superare le rivalità tra Francia e Germania che avevano generato una serie di conflitti disastrosi per l'intero continente.

• • •

Robert Schuman (Clausen, 1886 – Scy-Chazelles, 1963), politico francese di origine lussemburghese e di cittadinanza tedesca. Parlava correttamente le tre lingue. Parlamentare francese di lunga data (dal 1919), divenne sottosegretario ai rifugiati nel 1940, carica che conservò durante con la Repubblica di Vichy. Arrestato dalla Gestapo, riuscì a evadere nel 1942 per unirsi a Francia Libera.
Nuovamente eletto all'Assemblea Nazionale francese ricoprì prima la carica di ministro delle finanze e poi di primo ministro fino al luglio 1948. Fu quindi ministro degli esteri fino al 1953. Come ministro degli esteri Schuman prese parte in prima persona – e da protagonista – ai negoziati che portarono alla formazione della NATO, del Consiglio d'Europa e della CECA. L'ultimo incarico governativo ricoperto da Schuman fu da ministro della giustizia dal febbraio 1955 al gennaio 1956. È considerato uno dei padri fondatori dell'Europa.

• • •

La pace mondiale non potrà essere salvaguardata se non con sforzi creativi, proporzionali ai pericoli che la minacciano.

Il contributo che un'Europa organizzata e vitale può apportare alla civiltà è indispensabile per il mantenimento di relazioni pacifiche. La Francia, facendosi da oltre vent'anni antesignana di un'Europa unita, ha sempre avuto per obiettivo essenziale di servire la pace. L'Europa non è stata fatta : abbiamo avuto la guerra.

L'Europa non potrà farsi un una sola volta, né sarà costruita tutta insieme; essa sorgerà da realizzazioni concrete che creino anzitutto una solidarietà di fatto. L'unione delle nazioni esige l'eliminazione del contrasto secolare tra la Francia e la Germania: l'azione intrapresa deve concernere in prima linea la Francia e la Germania.

A tal fine, il governo francese propone di concentrare immediatamente l'azione su un punto limitato ma decisivo.

Il governo francese propone di mettere l'insieme della produzione franco-tedesca di carbone e di acciaio sotto una comune Alta Autorità, nel quadro di un'organizzazione alla quale possono aderire gli altri paesi europei.

La fusione della produzioni di carbone e di acciaio assicurerà subito la costituzione di basi comuni per lo sviluppo economico, prima tappa della Federazione europea, e cambierà il destino di queste regioni che per lungo tempo si sono dedicate alla fabbricazione di strumenti bellici di cui più costantemente sono state le vittime.

La solidarietà di produzione in tal modo realizzata farà si che una qualsiasi guerra tra la Francia e la Germania diventi non solo impensabile, ma materialmente impossibile. La creazione di questa potente unità di produzione, aperta a tutti i paesi che vorranno aderirvi e intesa a fornire a tutti i paesi in essa riuniti gli elementi di base della produzione industriale a condizioni uguali, getterà le fondamenta reali della loro unificazione economica.

Questa produzione sarà offerta al mondo intero senza distinzione né esclusione per contribuire al rialzo del livello di vita e al progresso delle opere di pace. Se potrà contare su un rafforzamento dei mezzi, l'Europa sarà in grado di proseguire nella realizzazione di uno dei suoi compiti essenziali: lo sviluppo del continente africano. Sarà così effettuata, rapidamente e con mezzi semplici, la fusione di interessi necessari all'instaurazione di una comunità economica e si introdurrà il fermento di una comunità più profonda tra paesi lungamente contrapposti da sanguinose scissioni.

Questa proposta, mettendo in comune le produzioni di base e istituendo una nuova Alta Autorità, le cui decisioni saranno vincolanti per la Francia, la Germania e i paesi che vi aderiranno, costituirà il primo nucleo concreto di una Federazione europea indispensabile al mantenimento della pace.

Per giungere alla realizzazione degli obiettivi cosi' definiti, il governo francese è pronto ad iniziare dei negoziati sulle basi seguenti.

Il compito affidato alla comune Alta Autorità sarà di assicurare entro i termini più brevi: l'ammodernamento della produzione e il miglioramento della sua qualità: la fornitura, a condizioni uguali, del carbone e dell'acciaio sul mercato francese e sul mercato tedesco nonché su quelli dei paese aderenti: lo sviluppo dell'esportazione comune verso gli altri paesi; l'uguagliamento verso l'alto delle condizioni di vita della manodopera di queste industrie.

Per conseguire tali obiettivi, partendo dalle condizioni molto dissimili in cui attualmente si trovano le produzioni dei paesi aderenti, occorrerà mettere in vigore, a titolo transitorio, alcune disposizioni che comportano l'applicazione di un piano di produzione e di investimento, l'istituzione di meccanismi di perequazione dei prezzi e la creazione di un fondo di riconversione che faciliti la razionalizzazione della produzione. La circolazione del carbone e dell'acciaio tra i paesi aderenti sarà immediatamente esentata da qualsiasi dazio doganale e non potrà essere colpita da tariffe di trasporto differenziali. Ne risulteranno gradualmente le condizioni che assicureranno automaticamente la ripartizione più razionale della produzione al più alto livello di produttività.

Contrariamente ad un cartello internazionale, che tende alla ripartizione e allo sfruttamento dei mercati nazionali mediante pratiche restrittive e il mantenimento di profitti elevati, l'organizzazione progettata assicurerà la fusione dei mercati e l'espansione della produzione.

I principi e gli impegni essenziali sopra definiti saranno oggetto di un trattato firmato tra gli stati e sottoposto alla ratifica dei parlamenti. I negoziati indispensabili per precisare le misure d'applicazione si svolgeranno con l'assistenza di un arbitro designato di comune accordo : costui sarà incaricato di verificare che gli accordi siano conformi ai principi e, in caso di contrasto irriducibile, fisserà la soluzione che sarà adottata.

L'Alta Autorità comune, incaricata del funzionamento dell'intero regime, sarà composta di personalità indipendenti designate su base paritaria dai governi; un presidente sarà scelto di comune accordo dai governi; le sue decisioni saranno esecutive in Francia, Germania e negli altri paesi aderenti. Disposizioni appropriate assicureranno i necessari mezzi di ricorso contro le decisioni dell'Alta Autorità.

Un rappresentante delle Nazioni Unite presso detta autorità sarà incaricato di preparare due volte l'anno una relazione pubblica per l'ONU, nelle quale renderà conto del funzionamento del nuovo organismo, in particolare per quanto riguarda la salvaguardia dei suoi fini pacifici.

L'istituzione dell'Alta Autorità non pregiudica in nulla il regime di proprietà delle imprese. Nell'esercizio del suo compito, l'Alta Autorità comune terrà conto dei poteri conferiti all'autorità internazionale della Ruhr e degli obblighi di qualsiasi natura imposti alla Germania, finché tali obblighi sussisteranno.

Lista dei nomi e dei luoghi citati

Indice dei contenuti

44682647R00067

Printed in Poland
by Amazon Fulfillment
Poland Sp. z o.o., Wrocław